# L'INCRÉDULE

## CONVAINCU

## DE LA VÉRITÉ

### DE LA

## RELIGION CHRÉTIENNE.

# L'INCRÉDULE CONVAINCU DE LA VÉRITÉ DE LA RELIGION CHRÉTIENNE;

*OUVRAGE dans lequel on a répondu à toutes les Objections de la maniere la plus claire, & auquel on a ajouté l'ANALYSE DE L'HISTOIRE SACRÉE depuis l'origine du Monde jusqu'à la venue du Messie.*

PAR M. ****, Prêtre.

*A PARIS;*

Chez JEAN-FRANÇOIS BASTIEN, Libraire, rue du Petit-Lion, près de la Nouvelle Comédie Françoise.

M. DCC. LXXXII.

*Avec Approbation, & Privilege du Roi.*

# AVERTISSEMENT.

PEU de Lecteurs aiment les longues préfaces, & il n'eſt pas rare de voir un Ouvrage jugé ſans retour à proportion de l'ennui qu'elles font naître ; pour éviter cet inconvénient déſagréable, & pour tâcher en même tems de concilier à cette production que je conſacre à la défenſe de la foi l'indulgence du Public, je n'en dirai qu'un mot ; elle eſt moins deſtinée à ramener les incrédules qui refuſent de croire, qu'à raffermir les chrétiens chancelans dans l'amour du Dieu qu'ils adorent. Je conviens qu'elle a beſoin d'être lue avec une attention ſuivie & dans le ſilence des paſſions : mais quels ſacrifices ne doit-

A

on pas faire pour découvrir la route du vrai bonheur ?

A la suite de ce petit Ouvrage est une Lettre à l'Auteur du Sys-tême de la Nature. Ce n'est point une réfutation en forme de ce livre trop fameux ; je me suis contenté de mettre l'Auteur en contradic-tion avec lui-même , & de lui exposer , en plaifantant, le danger de fes fuperbes rêveries , *ridicu-lum acri*, &c.

# LA RELIGION

*PROUVÉE*

## AUX INCRÉDULES.



**I**L y a un *Dieu* créateur &
modérateur des êtres. Cette
vérité, aussi constante que
l'existence des créatures, est
susceptible de plus d'une dé-
monstration; & la raison qui les saisit
suffit elle-même pour dissiper tous les
sophismes de l'*athée* & de l'impie. Malgré toute la pénétration, toute la sagacité,
toutes les lumieres des prétendus philosophes de tous les tems, nous n'avons pas
encore un systême supportable; on a
beau les fondre, les refondre pour leur
donner un air de nouveauté, on a

A 2

beau les préfenter fous des titres im-
pofans, les revêtir de tous les ornemens de l'éloquence, & les mettre fur
le compte de la raifon, ils peuvent
féduire un efprit léger & frivole, ils
n'auront jamais l'avantage de convaincre, pas même ceux qui font affez
hardis pour les publier. Pour peu
qu'on les médite, on en découvre le
vuide, & il n'en réfulte qu'une vérité,
c'eft que tout eft inconcevable fans
un premier Être. Je pourrois ajouter
que la terre ne feroit bientôt plus qu'un
théâtre d'horreur, fi on pouvoit arracher du cœur des hommes l'idée, &
par conféquent la crainte d'une divinité ; cette conféquence eft capable
de révolter l'ami de l'humanité ; mais
l'*athée* réduit, par fon propre choix, à
la trifte condition des brutes, ne crain-
droit pas fans doute d'exercer leur fé-
rocité fur fes femblables, ou de l'éprouver de leur part.

Suppofer la matiere éternelle, c'eft
fuppofer un *Dieu*, & s'abufer groffiérement fur fa nature. Une exiftence
éternelle n'eft que le réfultat d'une exiftence néceffaire, parce qu'un Être exif-
tant de toute éternité, ne fauroit trouver hors de lui une raifon de fon

existence, il ne la trouve que dans lui-
même : il n'est éternel par conséquent
que parce qu'il est nécessaire. Un Être
nécessaire, quel qu'il soit, est donc
celui qui, non-seulement, ne peut pas
ne pas être, mais qui ne sauroit être
autrement qu'il est. Cet Être doit donc
réunir toutes les perfections possibles,
parce que dans lui tout est positif, tout
est réel, & toute négation lui répugne,
il exclut donc absolument tout défaut.

Qu'on subtilise tant qu'on voudra,
la matiere ne fournira jamais à tout
ce qu'une existence éternelle, & par
conséquent nécessaire, exige. La seule
variété de ses formes, ses différentes
modifications, les divisions, les sépa-
rations, les secrétions, les métamor-
phoses qu'elle essuie, tout annonce sa
*contingence*. Dans un Être nécessaire,
tout doit être nécessaire, parce que
tout est lui-même ; ses modes, s'il étoit
possible qu'il en eût, seroient aussi nécessaires que lui, & ne sauroient subir
la moindre variation. La matiere éternelle & nécessaire seroit donc aujour-
d'hui ce qu'elle fut dans le commencement ; & dans le commencement, on
a la mal-adresse de la supposer informe,
& d'attribuer au mouvement les diffé-

rentes combinaisons qui ont produit ces différens êtres dont l'univers eſt embelli.

Il eſt donc vrai qu'il existe un Être plus parfait que la matiere, & cet Être n'eſt ni matiere, ni dans la matiere : cet Être ſera donc l'auteur de la matiere, puiſque la matiere ne ſauroit exiſter par elle-même : cet Être eſt donc *Dieu*, ou tout au moins, ce que j'appelle *Dieu*, & ce que je comprends ſous l'idée de *Dieu*.

## §. II.

L'EXISTENCE d'un *Dieu* démontrée, ou ſuppoſée comme une vérité néceſſaire, je me replie ſur moi-même, & j'analyſe ma nature. Je découvre dans moi deux genres d'opérations qui me paroiſſent eſſentiellement différentes : les unes & les autres partent du fond de mon être. Je *ſens* & je *penſe* : mes ſenſations & ma penſée ne ſauroient être les effets d'un ſeul & même principe. Les *phyſiciens* & les *anatomiſtes* ſe réuniſſent pour me dire que *l'irritabilité* eſt dans moi, comme dans tous les êtres vivans, la ſource du ſentiment & de la vie. C'eſt-là, diſent ils, la premiere propriété de mon être phyſique, la propriété radicale d'où toutes les autres découlent. Dans l'idée de *l'irritabilité* je ne découvre point, à beaucoup près, la faculté de penser, parce que tout ce qui seroit *irritable* seroit *pensant* ; je conclus donc :

1°. Que dans moi le principe de la pensée diffère de celui des sensations.

2°. Que ces deux principes doivent être substantiels, puisque leurs produits sont des modifications ou des propriétés.

3°. Que ces deux principes substantiels sont des parties de mon être, puisque leurs modifications ou leurs propriétés ont leur existence & leur action dans mon être.

4°. Enfin, que je suis un être *mixte*, puisque mon existence est le résultat de l'union de ces deux principes.

## §. III.

LES principes sont entr'eux comme leurs propriétés : si les propriétés sont essentiellement différentes, les principes seront essentiellement différens. Par la nature des propriétés, je connoîtrai donc la nature des principes ; je procede du plus connu au moins connu, & je juge par les loix d'une analogie nécessaire.

Les sensations sont matérielles. J'en explique la théorie par le simple méchanisme des organes : leur principe est donc matériel ; elles ne peuvent donc s'exercer que dans une substance matérielle.

Je cherche à expliquer, par le même méchanisme, la théorie de mes pensées ; mes efforts sont vains ; je ne découvre que du mouvement. Ma pensée est un être simple qui ne peut souffrir ni décomposition, ni division, tandis qu'elle décompose, qu'elle divise tous les objets qu'elle embrasse. Je la regarde donc comme une propriété absolument incompatible avec la matiere ; parce que dans un sujet divisible essentiellement, il ne peut rien se rencontrer qui lui soit essentiel, & qui soit essentiellement indivisible. Et comme une propriété ne sauroit exister sans un sujet, je me vois forcé de reconnoître dans moi un principe, un sujet de ma pensée qui soit indivisible comme elle, qui differe par conséquent de la matiere. Ce raisonnement le plus simple peut-être, & le plus commun, est aussi le plus solide ; il porte sur le témoignage du sens intime contre lequel tous les sophismes sont impuissans.

Mais voulût-on s'aveugler jusqu'

éluder la force de ce témoignage ; il suffira, pour dissiper tout doute, de réfléchir sur la faculté que nous avons de comparer nos idées entr'elles, & de former nos jugemens ensuite de cette comparaison. Cette faculté, la seule peut-être qui nous distingue des brutes, si le principe qui pense dans nous est matériel ; cette faculté, dis-je, disparoît ; nous rentrons dans la classe des êtres les plus vils & les plus stupides, & il nous est impossible de juger de rien : parce que,

1°. Si le sujet qui pense dans nous est matériel, quelque subtilité qu'on prête à la matiere qui le compose, fût-elle aussi déliée que l'éther, aussi impalpable que la lumiere, il est évident qu'il est étendu, il est évident qu'il est divisible, puisque ses parties font sociables, & qu'elles doivent être associées pour former un *tout*.

2°. Parce qu'un sujet étendu ne peut percevoir les idées que par le moyen de l'étendue, n'y ayant rien dans lui qui ne soit étendu ; & que d'ailleurs dans les principes des *matérialistes*, toute propriété qui ne seroit point étendue ne sauroit être une faculté, puisqu'elle ne seroit qu'une négation : or, l'éten-due ne nous offre qu'un nombre fini de parties *homogenes* qui finissent, qui se lient, qui s'amalgament, mais qui ne se pénetrent point ; une partie est par conséquent très-distincte de l'autre, peut très-bien être séparée du *tout*, & former un petit tout elle-même.

3°. Parce que la perception & la comparaison des idées supposent de l'intelligence. Qu'on en prête, si l'on veut, à l'étendue ; je demanderai 1°. si cette intelligence nécessaire réside dans le sujet comme étendu, auquel cas elle sera étendue & divisible comme le sujet. 2°. Si elle est dans le sujet & dans chaque partie du sujet, de façon que la plus petite partie du sujet ait autant d'intelligence que le sujet lui-même, & pour lors il faudra convenir que les intelligences sont aussi multi-pliées que les parties, & divisibles comme elles ; ou que l'intelligence est une, & par conséquent toute dans le *tout*, & toute dans chaque partie du *tout* ; ce qui seroit admettre la sim-plicité & l'indivisibilité de l'intelligence ; *l'ame* sous un nom différent. Dans la premiere supposition, la seule conforme aux principes du *matérialisme*, chaque partie du sujet étendu a une portion d'intelligence correspondante à sa masse ;

& c'eſt préciſément ce qui prouve l'impoſſibilité de la comparaiſon, je dirois
même de la perception des idées.

En effet, dans ce ſyſtême la perception des idées n'aura lieu que par
la voie du *contact phyſique*, médiat ou
immédiat ; c'eſt-là le ſeul moyen de
faire éprouver des impreſſions à un
ſujet étendu ; il faut que deux corps ſe
touchent pour ſe ſentir. Deux idées
différentes auront donc deux points de
*contact* différens ; c'eſt-à-dire porteront
phyſiquement ſur deux parties différentes du ſujet étendu : chacune de ces
parties percevra l'idée qui portera ſur
elle, mais n'ayant pas l'intelligence du
tout, elle ne percevra point l'idée qui
portera ſur une autre partie ; le défaut
de perception entraîne l'impoſſibilité
de la comparaiſon ; l'impoſſibilité de
la comparaiſon celle du jugement : il
ſera donc impoſſible de juger, parce
qu'il ſera impoſſible de comparer.

On peut en conclure qu'il ſera également impoſſible de percevoir une
idée toute entiere, par la raiſon que
les idées étant diviſibles, & perçues
par un ſujet diviſible, elles auront, à
raiſon de leur étendue & de celle du
ſujet, pluſieurs points de *contact*. Le

raisonnement que nous avons fait à l'égard du *tout*, nous pouvons le faire à l'égard de la partie ; l'intelligence, principe de la perception & de la comparaison, ne peut pas être plus simple & plus indivisible dans la partie que dans le *tout*. Matérielle, l'intelligence doit suivre les loix de la division ou de la divisibilité de la matiere, & personne n'ignore que la matiere est divisible à *l'indéfini*.

On dira peut-être que la comparaison des idées sera impossible de partie à partie, mais que le sujet ayant l'intelligence de toutes les parties, il pourra comparer lui-même & juger par conséquent.

Mais le sujet est-il donc différent de toutes les parties réunies ? L'association de ces parties produira-t-elle un *tout* existant par lui-même & indépendant des parties ? Résultera-t-il de ces intelligences partielles une intelligence générale ? Cette intelligence sera-t-elle simple ou étendue ? Questions qu'un matérialiste ne pourra résoudre, & qui nous conduisent au même raisonnement que nous avons déjà fait.

Il est donc vrai que la pensée ne sauroit se diviser ; il donc vrai que son principe est indivisible comme elle. A raison de son indivisibilité, je l'appelle *spirituel*, pour le distinguer du sujet de la division que j'appelle *matiere*.

Je me crois obligé de faire hommage de cette preuve triomphante au savant & profond M. *Bonnet*. Ce grand homme, qui fait un si noble usage de ses talens & de ses lumieres, me pardonnera sans doute de l'avoir copié, & d'avoir essayé de développer ses idées. Heureux si j'ai réussi à les bien saisir, & à les rendre d'une maniere sensible.

## §. I V.

JE cherche à m'assurer encore plus de la nature de mon principe pensant, & je suis effrayé, des conséquences que sa *matérialité* me fournit. En le supposant tel, *l'athéisme* est le seul système que je puisse raisonnablement adopter. La matiere suffit à tout; puis-je dire, tout est donc matiere : la matiere est le sujet propre de toutes les propriétés connues ; ces propriétés, quoique différentes en elles-mêmes, ne font que des modifications de la matiere ; la différence de ces modifications trouve sa raison dans l'arrangement combiné des parties de la matiere. Les êtres ne different donc entre eux que par l'arrangement, la combinaison des parties matérielles qui les composent ; & comme cet arrangement, cette combinaison est accidentelle, la différence des êtres l'est aussi ; tous les êtres sont donc essentiellement les mêmes, puisqu'ils sont essentiellement *matiere*, je ne puis donc en concevoir aucun, sans le concevoir matériel, & la combinaison ou la forme, sous laquelle il frappe mes sens, ne me fournit qu'une idée accidentelle à son essence : la matiere est donc le sujet présupposé de tous les êtres ; je ne puis donc rien concevoir avant la matiere, parce que je ne puis concevoir aucune modification sans sujet ; je ne puis donc concevoir qu'un *Dieu* matiere, & ma raison ne reconnoîtra jamais pour *Dieu* un être qui ne differe de moi que par l'arrangement de ses parties. Je suis donc forcé d'être *athée*, si je veux être matérialiste.

Je sais que sans prononcer sur le fait, je pourrois me replier, avec certains philosophes sur la simple possibilité, & accorder du moins à la matiere la capacité de penser. Je connois à cet

égard tout le spécieux des raisonnemens, dont on s'efforce d'appuyer ce
problême philosophique : mais, sans
entrer dans le détail des preuves,
solides ou non, qu'on peut alléguer
pour & contre, je dis seulement qu'il
est bien malheureux que cette simple
capacité, cette simple possibilité, me
conduise à la même conséquence que
le fait.

En effet, la *matiere* une fois capable de penser, je ne vois aucune répugnance à la croire pensante ; *le possible peut être réduit à l'acte sans contradiction, sans absurdité* ; il n'y a plus,
dès-lors, aucune opposition entre la
*pensée* & la *matiere* ; l'une peut *inhérer*
dans l'autre, cette inhérence sera même
nécessaire. Pourquoi ? parce que la
pensée n'est qu'une propriété ; comme
telle, elle doit appartenir à une substance déterminée ; si *l'esprit* n'est pas
son sujet propre, je n'en connois point
d'autre à lui assigner que la *matiere* ;
*Dieu* pour lors, *Dieu* lui-même, ou
l'être *intelligent*, l'être *pensant* par excellence, n'en sera pas exempt. Eh !
quel *Dieu* que celui auquel nous pourrions, nous serions même forcés de
donner un corps !

Je n'extravague point, je raisonne, je conclus d'une possibilité à l'autre ; s'il est possible que la *pensée* soit un *attribut*, une *propriété* de la *matiere*, il est très-possible que cette propriété ne puisse convenir qu'à la *matiere* ; il est donc très-possible que la *matiere* soit le sujet propre de la *pensée* par exclusion à tout autre sujet : ce dernier possible devient même nécessaire, dans la supposition que le premier soit réduit à l'acte, parce qu'une propriété ne sauroit convenir à plusieurs sujets essentiellement disparates. Dès-lors il m'est très-permis de conclure qu'il est très-possible que tout être pensant soit un être purement *matériel*, & que tout être matériel soit un être pensant. Par la même conséquence, il me paroît très-possible que la pierre pense, & que *Dieu* ne soit que matiere. Sur ce dernier point, établir la simple possibilité, c'est établir un blasphême réel, & donner comme possible la non-existence d'un être nécessaire.

Qu'on se retranche, si l'on veut, sur *l'organisation*. Ce résultat de l'arrangement & de la combinaison des parties pourra bien donner à l'être une nouvelle forme extérieure, mais ne lui donnera jamais une propriété que son essence primitive lui refuse ; & il sera toujours vrai que, si *l'esprit ou l'être immatériel*, est le sujet propre de la pensée, la matiere ne sauroit penser, quelque subtile, quelque bien organisée qu'on la suppose : que, si, au contraire, la *matiere* peut penser, l'existence des *esprits* devient un problême, que je puis étendre jusqu'à celui, qui seul peut avoir créé la *matiere & l'esprit*.

Je suis donc fondé de conclure, que ces deux propositions, la *matiere pense*, ou la *matiere peut penser*, sont deux paradoxes également dénués de fondement & de preuves. Je puis donc conclure encore que c'est un *esprit* qui pense en moi, ou qu'il n'est point d'esprit dans la nature, point de *Dieu* par conséquent. La spiritualité de mon ame est donc une vérité qui découle nécessairement de l'existence d'un Être suprême & nécessaire, & cet Être n'est plus qu'une chimere, si mon principe *pensant* est, ou peut être *matériel*.

## §. V.

PARVENU par les lumieres de ma raison à me convaincre de l'existence

d'un *Dieu* & à distinguer essentiellement le principe de ma pensée, du
principe de mes sensations, je consulte encore ma raison, pour m'éclairer sur la permanence, ou la destructi-
bilité de mon être.

Par les simples loix du mouvement,
je conçois que le principe ou le sujet
de mes sensations doit un jour se dé-
sunir, & que mon organisation, qui
est comme la forme de mon tout ou
de mon être physique, doit subir le
sort de tout composé matériel. Je sens
qu'il ne seroit pas au-dessus de la puissance du *Dieu* qui m'a formé, de
continuer mon existence sensible; mais
l'expérience journaliere me prouve,
qu'aussi libre dans ses volontés, qu'a-
dorable dans ses desseins, l'auteur de
mon être a voulu sur ce point, laisser
un libre cours aux loix générales qui
résultent de l'essence des êtres.

Je n'ai pas, à beaucoup près, des
lumieres aussi claires sur le sort futur
de mon principe pensant : tout ce que
je sais, c'est qu'il ne peut cesser d'ê-
tre, ni par la dissolution, ni par la
décomposition, puisqu'il n'a point de
parties ; que, s'il est pour lui une fin,
ce ne peut être que l'anéantissement,

& que cet anéantissement dépend uniquement d'un acte de la volonté de celui qui l'a créé. Il me paroîtroit cependant étrange qu'un être, dont la sagesse est aussi infinie que la puissance, se déterminât à replonger dans le néant un *esprit* qui par sa nature tend à l'immortalité : mais, malgré toute la force des raisons que je puise dans l'essence même de l'être *immatériel*, je n'ai, pour établir cette vérité consolante, que de grandes probabilités, de grandes vraisemblances ; je ne puis même, sur ce point, acquérir une certitude capable de me tranquilliser. Ma qualité d'être dépendant, mon ignorance sur l'ensemble du systême moral, & sur ses rapports avec le systême physique, les notions imparfaites que j'ai des perfections divines, tout arrête ma marche, & suspend la hardiesse de mes conséquences. Je crains, en cherchant la vérité, de ne rencontrer que de trompeuses conjectures. Mon immortalité sera donc le point fixe d'où je dois partir, pour me former un systême raisonnable, ou pour donner quelque consistance à celui qu'on s'est efforcé d'établir dans mon esprit dès ma plus tendre enfance.

## §. VI.

Si je ne raisonne que d'après les loix particulieres de mon être, je prononce sans peine, que, ce que j'appelle *esprit* dans moi, doit toujours exister. Si je suppose que l'auteur des êtres & des loix des êtres, n'a eu aucune raison suffisante pour y déroger. Dès-lors je vais de conséquence en conséquence; il s'ouvre devant moi une carriere immense de vérités, qui, essentiellement liées les unes aux autres, forment une chaîne que rien ne sauroit rompre. Je conclus:

1°. Que, puisque je ne dois jamais cesser d'être, tout ne se borne pas pour moi à mon existence actuelle; que la mort ne sera pour moi qu'un changement d'état, ou un développement, un perfectionnement nouveau de mon être, & que la dissolution de mon corps sera comme le germe de cette vie future. Je ne concevrois pas aisément qu'un Être sage voulût perpétuer mon existence pour me dégrader. Je conclus:

2°. Que j'ai été créé pour une fin, & que cette vie future, qui doit éter niſer mon être, doit auſſi me mettre en poſſeſſion de cette fin. Cette conſéquence porte ſur le même fondement que la premiere. Je conclus:

3°. Que cette fin doit être en rapport d'analogie, d'un côté, avec l'eſſence de l'homme; de l'autre avec la ſuprême ſageſſe de ſon auteur. Je conclus:

4°. Que l'eſſence de l'homme tenant à ſa conſtitution *d'être raisonnable*, que cette conſtitution étant le réſultat de l'union d'un principe indeſtructible à un corps organiſé, un Être infiniment ſage a dû fixer pour l'homme une fin qui fût en rapport, tant par ſa durée, que par ſa nature, avec ce principe immortel qui conſtitue eſſentiellement l'homme.

## §. VII.

MA raiſon ne me découvre point encore quelle eſt cette fin à laquelle je dois aſpirer; mais elle m'en découvre l'exiſtence, puiſqu'elle m'en découvre la néceſſité. En étudiant ma nature, je ſens que je ſuis ſuſceptible de bonheur ou de malheur, de joie ou de triſteſſe, de plaiſir ou de douleur : je remonte encore jusqu'à celui qui m'a donné l'existence & qui a ainsi modifié mon être ; je le conçois comme l'Être le plus parfait, puisqu'il est le premier des êtres, & l'auteur des perfections de tous les êtres : une félicité inaltérable, une puissance sans bornes, une sagesse qui ne peut se démentir, une justice que rien ne peut corrompre, sont tout autant d'attributs inséparables de cet Être. Je conclus donc que la fin qu'il me destine doit me procurer la plus grande somme de bonheur possible. Je me plais à me nourrir de cette idée, elle adoucit mes maux présens, & me transporte d'avance dans les abîmes de l'éternité qui doit les faire entièrement cesser.

## §. VIII.

CRÉÉ pour une fin, & une fin ultérieure à mon existence actuelle, il est sans doute pour moi des moyens pour y arriver ; une fin sans moyen seroit une fin impossible ; une telle fin ne sauroit être proposée par un être souverainement juste. L'existence de la fin emporte donc nécessairement l'existence des moyens, & des rapports de proportion entre les moyens & la fin. J'ai déjà dit que cette fin devoit être proportionnelle à ma substance pensante; ces moyens doivent donc avoir, avec cette même substance, la même proportion, la même analogie. Ce n'est donc pas par des moyens purement physiques, que je puis me flatter d'arriver à cette fin. Je me replie encore une fois sur moi-même, je m'examine, & je vois que comme je puis éprouver des sensations différentes, je puis aussi être diversement dirigé: cette dirigibilité, & la perfectibilité qui en est une suite, me font conclure à la moralité de mes actions; je me regarde en conséquence comme un être tout-à-la-fois physique & moral, & je conclus enfin que les moyens qui doivent me conduire à la fin pour laquelle je suis créé dépendent plus du moral que du physique,

## §. IX.

UN Être dirigible, un Être perfectible, un Être moral, en un mot, doit incontestablement produire des actes dissemblables, puisqu'il doit en produire qui s'éloignent ou s'approchent plus ou moins du terme de sa perfection ; qui soient plus ou moins conformes à la direction, ou à la tendance qui lui est naturelle, plus ou moins propres, par conséquent, à le conduire à sa fin. C'en en est assez pour me faire conclure à l'existence d'une loi, qui soit comme la regle invariable de mes actions, & à laquelle je puisse les comparer pour juger de leur différence. Ce seront donc les rapports de conformité ou de difformité de mes actions avec cette loi qui fonderont la moralité de mes actions. Ces rapports ne sauroient être arbitraires, puisque la loi qui en est le fondement ne l'est point, & ne peut pas l'être, même à raison de sa généralité, & de l'uniformité de ses relations avec tous les êtres moraux. Quelle confusion, quel désordre parmi ces êtres, s'ils existoient sans loi, ou si cette loi pouvoit se plier à leurs caprices ! Il est donc une loi générale, nécessaire, absolue, indépendante, immuable par conséquent. Cette loi n'est autre chose que la raison éternelle qui préside à l'harmonie du monde moral, comme elle préside à l'harmonie du monde physique. Il est donc

du bien & du mal moral, comme il
eſt du bien & du mal phyſique, &
le double ſyſtême de relations qui
réſulte de ces deux ordres, porte
comme l'ordre même ſur l'eſſence des
choſes. J'en conclus que, comme la
diſtinction du bien & du mal phyſique eſt eſſentielle, la diſtinction du
bien & du mal moral l'eſt auſſi : il
n'eſt pas moins eſſentiel en effet qu'une
action, qui manque de relation avec
cette loi qui eſt le fondement de toute
juſtice, ſoit défectueuſe, qu'il eſt eſſentiel qu'un corps ſoit écraſé par un autre
corps qui peſe ſur lui, s'il n'eſt pas
avec lui en proportion de maſſe & de
dureté.

## §. X.

Un être créé pour le bonheur, &
le plus grand bonheur poſſible, un
être ſoumis à des loix, & dont les
actions peuvent avoir avec ces loix
des rapports eſſentiellement différens,
a ſans doute, par la différence de ces
rapports, des moyens pour atteindre à
ſa fin, & des moyens pour s'en éloigner. Ces moyens ſont en ſa diſpoſi-
tion, & le choix qu'il en fait eſt l'effet de ſa propre détermination. Cet

être est donc libre, il ne tend point à sa fin par la force invincible d'une nature aveugle & soumise aux dures loix du fatalisme.

Cette conséquence est aussi nécessaire qu'intéressante, elle est le plus ferme appui de nos espérances, & la base unique de notre bonheur présent & futur : sans elle, il n'est ni vice ni vertu, toutes nos actions sont indifférentes, parce qu'elles sont uniformes. Le système qui résulteroit de ce paradoxe seroit aussi funeste à la société que contraire à la raison ; & en renversant les notions les plus communes, saperoit par les fondemens tous les systêmes politiques & toute l'économie civile, il n'est plus de crimes, dès qu'il n'est point de liberté ; il n'est plus de justice dans les loix pénales, dès qu'il n'est point de crimes, & il n'est plus de frein, dès qu'il n'est plus de loix, ou qu'on peut les violer, ou les braver comme injustes. Le *fataliste* est plus redoutable que les tigres ou les lions ; l'intérêt personnel est le seul instinct qui le guide & le seul qu'il doit écouter, ou c'est l'être le plus inconséquent, s'il redoute les loix, & si cette crainte influe sur ses mœurs. Je le répete donc, l'homme est libre ; ses actions different entre elles, & par leur nature, & par leur objet, & par leurs rapports, & par leurs effets. Il a la faculté d'élire & de tendre au bonheur par des actes plus ou moins propres à le lui procurer. L'assécution de sa fin sera donc pour lui une récompense ; la privation de cette fin sera pour lui une peine ; & comme cette fin doit être éternelle, sa récompense le sera aussi.

## §. XI.

Un être moral, & conséquemment un être libre, un être soumis à une loi qui le dirige, & qui lui montre la possibilité de se perfectionner, & par-là même d'être heureux, cet être aura sans doute des devoirs à remplir : ces devoirs, fondés dans la loi, comme la loi est fondée sur l'essence de l'Être dirigible, ces devoirs, dis-je, feront le résultat de ses relations, & ces relations lui étant essentielles, ses devoirs le feront aussi. Pour en connoître la somme & l'étendue, il suffira donc de combiner & d'apprécier ses relations.

## §. X II.

L'HOMME ne s'est point donné l'existence, il n'a donc pas toujours existé : il a commencé d'être, il est donc hors de lui une raison, un principe de son être : il a donc avec ce principe les mêmes relations qu'un effet a avec sa cause : cette cause étant toujours existante, puisqu'elle est nécessaire, ces relations existent toujours; cette cause influant sans cesse, puisqu'elle est toujours active, ces relations croissent & se fortifient sans cesse, & fondent une dépendance aussi constante qu'absolue. J'en conclus que l'homme a constamment & indispensablement des devoirs à remplir envers son Auteur. Seroit-ce s'écarter de la raison que de calculer ces devoirs sur la bienfaisance de cet Être créateur, & d'obliger l'homme à la reconnoissance, à l'amour, au respect & à l'adoration. De cette obligation si raisonnable, quelle foule d'autres devoirs ne naîtra-t-il pas? Pour peu que l'homme sonde son propre cœur, il les y trouvera gravés,

## §. XIII.

Être mixte : l'homme résulte de deux substances essentiellement différentes ; elles font dans un commerce aussi intime que constant, puisque ce font des parties d'un même tout.

L'illustre M. Bonnet les regarde comme inséparables ; il n'a peut-être pas tort : l'union est de l'essence de l'être mixte, le mixte disparoîtroit donc avec l'union, & l'homme cesseroit d'être homme s'il n'existoit que comme *esprit*, comme il cesseroit d'être homme, s'il n'existoit que comme *corps*. Le système de M. Bonnet renverse bien des difficultés, & il paroît aussi solide qu'ingénieux : j'aurois bien de la peine à me persuader que son *développement*, son *perfectionnement futur* ne fût qu'une heureuse conjecture. Quand on étudie la nature en vrai philosophe, on use de ses découvertes en chrétien, & on peut presque se flatter d'avoir saisi la vérité. Nos erreurs font presque toujours le fruit de l'abus que nous faisons de nos lumieres, & la juste peine du but, souvent criminel, que nous nous proposons dans nos recherches.

B 3

Quelle que soit, au reste, la durée de ce commerce, qui regne entre les deux parties de notre être, les relations qu'il fonde dureront autant que lui, & ces relations feront, dans le tems, une source de devoirs pour l'homme, relatifs à lui-même.

Par sa raison d'être physique, l'homme tend, comme tous les êtres vivans & sensibles, à la conservation de son existence :: ce vœu de la nature, toujours secondé dans les brutes, dépend dans l'homme d'une volonté flexible : s'il n'a pas la faculté de se conserver par lui-même, puisqu'il est dépendant, il a du moins la faculté de se détruire, puisqu'il est libre, & cette faculté restreinte par la loi, lui impose l'obligation de ne rien faire qui puisse le priver de son existence, ou en hâter la cessation. Toutes les vertus morales font à la suite de ce principe.

Par sa raison d'être moral, l'homme est appellé à jouir d'un bonheur proportionnel à la plus noble partie de lui-même : il doit donc saisir tous les moyens de se le procurer. Ce bonheur lui est assuré à titre de récompense, & la récompense n'est due qu'à la vertu, parce qu'il n'est que la vertu qui soit en proportion avec elle. L'homme moral doit donc pratiquer la vertu & fuir le vice. Ce sont-là les bornes de son amour-propre.

## §. XIV.

L'HOMME est individu d'une espece ; il est d'autres individus qui lui ressemblent ; la conformité de nature, de facultés, de besoins unissent entr'eux ces individus. Ils ont donc entr'eux des liaisons, des rapports, des relations ; ils ont donc des devoirs mutuels à remplir. Réunis par les besoins, ils ont tous la même volonté de les satisfaire, & le même desir que les autres y concourent : ils veulent être aimés, secondés & servis : ils doivent donc, à leur tour, aimer, seconder & servir.

L'ensemble des relations que l'homme a avec son auteur, avec lui-même, avec ses semblables, forme la somme de ses devoirs ; & la somme de ses devoirs est ce que nous appellons la loi de nature, ou le code de la raison. Loi essentielle en elle-même & essentielle à l'homme, puisqu'elle est fondée sur l'essence de l'homme & des actions de l'homme. Loi fondamentale par conséquent, & sur laquelle toute loi doit être calquée ou modelée pour être juste.

## §. XV.

VOILA jusqu'où ma raison pousse ses découvertes ; voilà la chaîne des vérités qu'elle me présente. Qu'il seroit dur pour moi de ne pouvoir pas m'y attacher ! Mon immortalité est la base de tout mon système. Si tout se borne pour moi à mon existence actuelle, je me vois ravalé à la triste condition des brutes, & je subirai sans doute les mêmes loix : une dure fatalité me confond avec elles : plus de liberté, puisqu'il n'est plus de mérites ; plus de mérites, puisqu'il n'est plus ni peines ni récompenses ; plus de peines ni de récompenses, puisqu'il n'est plus d'avenir. Ne pourrois-je pas ajouter qu'il n'est plus de loix, puisqu'il n'est plus de liberté, qu'il n'est plus ni vice ni vertu, puisqu'il n'est plus de loix, & que tout est moralement indifférent, puisque tout est physiquement nécessaire ? L'édifice, que je viens d'élever, croule donc sur lui-même, si j'en détache ce que je puis appeller la pierre angulaire. Tout dépend donc de mon état futur ; c'est cet état qui a seul droit de m'intéresser , & sur lequel j'appuie mes mœurs , mes desirs & mes espérances.

Cet état tient, à la vérité, à des notions sur lesquelles je ne saurois soupçonner ma raison de se méprendre : mais la liaison de ces notions avec cet état est-elle essentielle ? Ne puis-je cesser de prétendre à l'immortalité , sans cesser d'être un être raisonnable & moral ? Y a-t-il plus que de la convenance entre la constitution actuelle & le perfectionnement futur de mon être ? Dépendant dans mon existence , le suis-je moins dans ma conservation & dans ma durée ? Le *Dieu* qui m'a créé ne peut-il m'anéantir ? Et s'il le peut, lui répugne-t-il ou lui est-il impossible de le vouloir ?

Questions problématiques , qu'un homme sage n'entreprendra jamais de résoudre , & dont l'insolubilité me replonge dans les plus épaisses ténebres. Ma raison n'est donc pas un flambeau suffisant pour m'éclairer : ce flambeau ne jette qu'une pâle lueur, à la faveur de laquelle je ne découvre tout au plus que la mystérieuse obscurité qui me dérobe ma destinée.

B 5

## §. XVI.

LES partisans de la raison crieront sans doute au blasphême ; leurs cris feront toujours impuissans, tant que cette raison sera en contradiction avec elle-même, & qu'on verra des êtres raisonnables renouveller les systêmes monstrueux enfantés par la raison. L'*athée* & le *déiste*, le *matérialiste* & *le défenseur des esprits* s'appuient égale-ment de la raison, se fondent sur son témoignage, & se reprochent mutuel-lement d'abuser de ses lumieres, & de les obscurcir. Qui sera leur juge ? Qui décidera cette cause importante ? La raison sans doute : c'est à son tribunal qu'ils en appellent les uns & les autres. La voilà juge dans sa propre cause ; à la bonne heure : mais qui sera le juge des décisions de la raison ? Qui con-vaincra l'*athée* que ces décisions ne lui font point favorables ? Qui pourra démontrer au *déiste* qu'il a mal entendu le sens de l'oracle ? La raison sans doute encore, & toujours la raison. Mais malheureusement il faudra tou-jours une raison de la raison, & cette raison sera toujours suspecte, parce

que chacun se croira fondé à l'interpréter en sa faveur, & d'en étayer
son sentiment. Une sentence équivoque
peut favoriser des prétentions contradictoires ; mais pour fixer le droit d'une
des parties il faut que l'équivoque cesse,
& ce ne sera sûrement pas la sentence
elle-même qui la fera disparoître.

Quoi qu'on en dise, la raison est un
guide aveugle dès qu'elle n'est point
soutenue par le sens intime, par ce
tact intérieur qui lui fait sentir la présence & la nature des objets qu'elle
poursuit ; elle n'est point l'organe infaillible de la vérité sur des points qui
n'ont qu'une relation indirecte avec
ses lumieres. La vérité est une, elle
ne peut avoir qu'une expression, elle
ne peut avoir qu'un langage. La diversité des opinions sur des matieres essentielles & essentiellement déterminées,
n'annonce qu'une diversité d'erreurs
plus ou moins grossieres, plus ou moins
ridicules. Si les hommes, fixant tous
le même objet sensible, se partageoient
en différens sentimens sur sa forme &
sur sa couleur, je serois, je crois, fondé
de conclure, ou que l'objet n'étoit
point à la portée de leur organe, ou
que personne ne l'a vu tel qu'il étoit,

ou qu'enfin la vue est un témoin fort
suspect.

Ce qui n'est qu'une supposition par
rapport à la vue, est une réalité par
rapport à la raison, relativement sur-
tout, & à ce que nous sommes, &
à ce que nous deviendrons. Chaque
homme a sa maniere de voir, elle
décide de sa maniere de penser, &,
à l'entendre, c'est toujours la raison
qui l'éclaire dans ses jugemens, ou
dans les idées qu'il se forme des choses. Timide dans les uns, elle n'en-
fante que l'incertitude & le doute;
superbe dans les autres, elle prononce
d'un ton décidé, mais presque toujours sans examen; flétrie par l'ignorance dans la plupart, les notions les
plus communes sont pour elle des
mysteres impénétrables; obscurcie dans
un grand nombre par les préjugés,
elle en adopte aveuglément les erreurs & le langage; esclave des passions dans plusieurs, elle en suit les
impressions & les caprices; entraînée
par l'autorité dans ceux-ci, elle ne
voit, elle ne juge jamais par elle-
même; opprimée par l'amour-propre
dans ceux-là, elle préfere une erreur
flatteuse à une vérité gênante; bornée

enfin dans tous , lorsqu'elle est de bonne foi , elle convient de ses méprises , parce qu'elle n'est occupée qu'à les corriger. Ici , ennemie du travail , ou malheureuse dans ses efforts , elle fait une nécessité du *scepticisme* le plus outré , & ne regarde pas même comme une vérité le doute humiliant qu'elle embrasse. Là , avide de gloire , elle crée laborieusement des systêmes nouveaux , qu'elle a le chagrin de voir culbuter par des systêmes plus nouveaux encore , & qu'elle taxe par une juste représaille d'erreur & de folie. Par-tout , & toujours elle élève pour détruire , elle détruit pour élever ; ce qui passe dans un siecle pour une vérité constante , est rejetté dans le suivant comme un paradoxe insoutenable , pour recevoir encore dans la suite , le titre & les honneurs de la vérité. En un mot , la raison , par-tout la même dans ses prétentions , est aussi par-tout la même dans ses contradictions & dans ses inconséquences. Celui , qui nous invite à n'écouter que cette voix , ou se fait un plaisir malin de nous plonger dans l'erreur ou dans l'incertitude , ou est dupe lui-même de la raison qu'il préconise.

Les hommes ont tous les mêmes
sens, & ils ne varient point sur la
différence des couleurs, des sons, des
odeurs, des goûts & des surfaces ; j'en
conclus que chaque organe suffit à son
objet.

Ils ont tous le même instinct, & ils
ne se trompent ni sur leurs besoins
physiques, ni sur les moyens de les
satisfaire ; j'en conclus encore, que cet
instinct suffit aux moyens & aux besoins.

Ils ont tous la même raison ; mais
plus ou moins développée dans chaque individu, plus ou moins éclairée,
ou plus ou moins aveugle, plus ou
moins propre aux réflexions & aux
recherches : cette raison a le même
objet ; cet objet est immuable, & il
est pour tous les êtres raisonnables
de la même importance. C'en seroit
assez pour démontrer l'insuffisance de
la raison en général, puisqu'elle n'a
pas dans tous les hommes la même
force, la même énergie, la même
activité, & que son objet ne change
ni de proportion ni de rapport.

Mais fût-elle exactement la même
dans tous les êtres qui en sont doués,
sa lumiere fût-elle dans tous également
ment vive, également pénétrante, elle

se trompe sur une infinité de choses qui ressortent de son tribunal, puisqu'elle juge contradictoirement de ces choses ; je conclus donc, ou que ces choses sont au-dessus de sa portée, ( auquel cas elle a le plus grand tort du monde de s'en mêler ), ou qu'elle ne les voit pas telles qu'elles sont, ou qu'enfin son témoignage est fort suspect.

Il n'est point de milieu, ou les vérités métaphysiques & morales sont du ressort de la raison, ou elles sont hors de sa sphere ; si elles sont du ressort de la raison, pourquoi cette multiplicité de systêmes ? Pourquoi cette diversité de sentimens, sur les mêmes objets ? Pourquoi cette disparité entre la raison & les sens ? N'est-elle pas à son objet ce que les sens sont aux leurs ? S'il y a le même rapport, ne doit-il pas y avoir la même proportion, & si la proportion est la même, ne doit-il pas y avoir aussi la même uniformité de relation & de témoignage ? Ce défaut d'uniformité n'est-il pas la preuve la plus sensible de l'insuffisance du témoin ? Qu'on rapporte ici ce que j'ai déjà dit des *sens*, & l'argument se fera sentir dans toute sa force.

Si ces mêmes vérités sont hors de la sphere de la raison, est-ce à la raison à prononcer d'un ton décisif? Le défaut de proportion n'entraîne-t-il pas le défaut de compétence? & le défaut de compétence ne rend-il pas le jugement nul, jusqu'à ce qu'il soit ou confirmé ou réformé? Et dans ce cas quel sera le réformateur ou l'arbitre?

On croira trancher peut-être, la difficulté, en disant qu'il n'est ni vérités métaphysiques, ni vérités morales. Le système seroit commode sans doute, je ne trouverois plus rien de gênant, je pourrois, sans crainte, comme sans remords, me livrer à tout ce qui flatteroit mes sens & mon amour-propre, je ne consulterois que mon intérêt personnel; & je ne reconnoîtrois pour vice & pour vertu, que ce qui pourroit le troubler ou le satisfaire. Je le répete, le système seroit commode. Mais si c'est-là le système de la raison, d'où vient que tous les raisonneurs ne s'accordent pas pour me le proposer? D'où vient qu'on m'accable tous les jours d'une foule de raisonnemens, qui par leur opposition & la contrariété des conséquences qui en résultent, me jettent dans la plus grande incertitude fur le parti que je dois embraſſer ? Des ſyſtêmes contradictoires pourroient-ils être également vrais ? Y auroit-il tout-à-la-fois, & n'y auroit-il point dans la nature d'autres vérités que les vérités mathématiques ? Y auroit-il tout-à-la-fois & n'y auroit-il point de différence entre l'homme & la brute ? L'homme feroit-il en même tems foumis & non-foumis à une loi qui le dirige ? Ses actions feroient-elles indiſtinctement indifférentes, & déterminées dans leur malice ou dans leur bonté ? Y auroit-il pour lui, & n'y auroit-il point d'avenir ? En un mot, l'Être & le non-être feroient-ils compatibles ? J'avoue de bonne-foi que j'aurois bien de la peine à faifir ce myſtere : j'aime mieux croire que quelqu'un fe trompe. Je ne fais de quel côté fe trouve l'erreur, mais elle eſt néceſſairement d'un côté : je peferai, fi l'on veut, les autorités, je calculerai les témoignages, mais je n'en ferai pas plus avancé, & tout ce que je puis faire pour ne heurter perſonne, c'eſt de reſter dans le doute.

Ce doute eſt cruel cependant ; il eſt triſte, il eſt dépitant de balancer ſans cesse, entre la dure nécessité de faire des sacrifices inutiles à ce qu'on appelle *vertu*, ou d'éprouver les infructueux remords de ce qu'on appelle *vice*. Une erreur, quelque grossiere qu'elle fût, qui, sous l'apparence de la vérité, fixeroit mon incertitude, seroit, à mon avis, mille fois préférable. Ma bonne foi d'ailleurs la rendroit excusable ; & peu jaloux des suffrages de ceux qui ne penseroient pas comme moi, je trouverois dans le témoignage de ma conscience de quoi me consoler de cette perte ; je serois content, parce que je serois d'accord avec moi-même.

Dira-t-on qu'il importe peu d'être éclairé sur ces objets, & de juger sainement de leurs rapports ?

Je ne sais si ma raison se trompe ; mais, ou je m'ignore entiérement moi-même, ou je sens que l'existence ou la non-existence de ces objets doit nécessairement influer sur mes mœurs : & que mon ignorance ou mon incertitude à cet égard, trouble mon repos. Je sens que si je pouvois me convaincre que tout finit avec moi, je ne serois pas assez dupe pour m'asservir constamment à l'empire ridicule des préjugés ; je fens, au contraire que, fi j'ai quelque chofe à efpérer ou à craindre dans l'avenir, il eft pour moi du plus grand intérêt de régler mes actions fur mes craintes & mes efpérances. Je fens, & je crois que tout homme le fentira comme moi, je fens qu'il eft fort naturel & fort important d'affortir fa conduite à fa façon de penfer ; & qu'on n'eft injufte que lorfqu'on n'agit pas conformément à ce qu'on penfe, ou qu'on agit mal, parce qu'on penfe mal, tandis qu'on pourroit réformer fes jugemens & fes idées.

Les loix pénales de la fociété préviendront les conféquences . qu'on pourroit tirer de certains fyftêmes, & l'abus qui en réfulteroit pour la fociété elle-même.

. Je pourrois en conclure que ces fyftêmes font faux, puifqu'ils font dangereux ; les conféquences d'une vérité, & d'une vérité fondée fur l'effence des êtres, ne fauroient être funeftes à ces mêmes êtres, à moins qu'on ne convînt qu'il eft dangereux pour les êtres, d'être tels ; ce feroit infulter bien groffiérement la nature, & les productions de la nature. Mais paſſons là-deſſus, les auteurs de ces conſolans ſyſtêmes trouveront ſans doute un jour le moyen de concilier cette contradiction ; elle n'eſt peut-être qu'apparente, car il faut ſe méfier de la raiſon qui la croit réelle. Si, cependant, nous n'avions pas d'autres vérités à découvrir, que la fauſſeté de ces ſavans ſyſtêmes, je crois, qu'on pourroit, ſans balancer, accorder à la raiſon une pleine ſuffiſance. Venons au fait.

Je ne demande qu'une ſeule choſe ; ces loix pénales de la ſociété, conſéquemment aux ſyſtêmes dont elles préviennent les conſéquences, ſont - elles juſtes ? Quand on aura répondu à cette queſtion, & qu'on m'aura montré le fondement de leur juſtice, & leur véritable point d'appui, je pourrai en faire d'autres ; qu'on prenne garde cependant aux conſéquences. J'avertis, au reſte, que je ne me paierois pas des raiſons qu'on puiſeroit dans la politique & dans la convention : ni l'une ni l'autre ne ſauroient rendre une action criminelle, tandis qu'elle eſt innocente, du moins par la néceſſité qui la cauſe ; ni l'une ni l'autre n'ont le droit de reſtreindre ma volonté ; la prefcription d'ufage, la poffeffion ne peuvent autorifer cette violence ; s'il eft un droit imprefcriptible, c'eft celui de la nature, & la nature me juftifie en tout, puifqu'elle me force à tout.

Un peuple imbu & convaincu de cette intéreffante maxime, & qui fe verroit efclave fous des loix purement arbitraires & qui le puniroient de ne pouvoir pas être coupable, parce qu'elles le puniroient de ne pouvoir pas être libre ; ce peuple, de quel œil verroit-il les loix & les légiflateurs ? Si ce peuple opprimé par les loix, ne les opprimoit pas à fon tour, fon inaction & fa docilité feroient la plus forte preuve du fatalifme.

Il eft donc important d'être éclairé. Il eft donc important de voir diffiper les ombres épaiffes qui nous environnent & qui nous dérobent la connoiffance de ce qu'il nous intéreffe le plus de favoir : je ne dois pas attendre ce bienfait de mes femblables, ils ne me parleroient que le langage de la raifon & du préjugé, & ce langage eft plus qu'infuffifant, puifqu'il eft contradictoire. Ils ne font pas d'ailleurs les arbitres de mon fort : il n'eft que celui qui le tient entre ſes mains qui puiſſe m'en dévoiler le myſtere.

## §. XVII.

IL eſt donc convenable que l'arbitre des hommes m'inſtruiſe : or, lui ſeroit-il impoſſible de le faire ? Manqueroit-il de moyens pour le faire ? ou ne pourroit-il en prendre qui fuſſent réguliérement à la portée de la raiſon ? Le *déiſte* qui rejetteroit cette double poſſibilité, n'auroit, ſelon moi, d'autre refuge que *l'athéiſme*, parce qu'enfin un Être infini ne connoît d'autres bornes, dans ſa puiſſance, que celles que lui preſcrit ſa ſageſſe, & malgré tous les efforts du ſophiſme, je ne concevrai jamais que la révélation de mon ſort à venir, ſoit un fait que la ſageſſe d'un Dieu déſavoue. Je conclurai donc, ou qu'il n'eſt point de *Dieu*, ou que cette révélation eſt poſſible.

Si je parcours enſuite l'hiſtoire des égaremens & des déſordres du genre humain, je vois que les hommes s'étoient généralement écartés de la route du bonheur, puiſqu'ils s'étoient écartés de celle de la vertu. Je vois, que trop aveugles ou trop foibles, ils ont fait dans tous les tems de vains efforts pour y rentrer. La raison me paroît par conséquent, impuissante dans les moyens qu'elle fournit à l'homme pour être heureux. Je recherche en vain la cause de cette impuissance, la raison ne m'en découvre aucune. Je vois cependant l'homme malheureux, je le vois criminel ; je connois un *Dieu* juste & sage ; je ne puis concilier ni les malheurs de l'homme avec la sagesse d'un *Dieu*, ni ses crimes avec sa justice : mes desirs s'aigrissent, je veux pénétrer ce grand mystere, & la révélation qui ne me paroissoit que convenable & possible, me paroît maintenant nécessaire. Je conclus, sans balancer, à son existence, parce qu'un *Dieu* sage ne doit rien omettre qui soit nécessaire, comme il ne doit rien faire de superflu.

## §. XVIII.

Il résulte de tout ce que j'ai dit ; 1°. que la révélation est nécessaire à l'homme.

2°. Qu'elle doit l'éclairer sur son

état futur, sur sa fin, sur la nature des moyens propres à l'y conduire. En ajoutant qu'elle doit rendre ces moyens praticables, j'embrasse tout l'objet de la révélation.

3°. Que quelque bornée que soit la raison, quelqu'insuffisante que soit sa lumiere, la révélation ne doit pas se trouver en contradiction avec elle, parce qu'elles sont l'une & l'autre la voix du même *Dieu*. Tout ce qui répugne à la raison, tout ce qui se croise avec elle, ne sauroit jamais être une vérité. On observera cependant que cette répugnance, cette contradiction doivent être réelles, & qu'il ne suffit pas, pour rejetter une révélation, que les objets qu'elle propose soient impénétrables, c'est alors le cas d'examiner, & non de condamner. On doit sentir qu'une vérité révélée peut être hors de la portée de la raison. On n'auroit pas besoin d'une révélation pour la connoître, si la raison pouvoit la découvrir & la pénétrer. La sublimité de l'objet, sa disproportion avec nos lumieres ne sont donc pas des preuves d'erreur; il est de la raison d'apprécier les motifs extrinseques de crédibilité qui le constatent; c'est uniquement à cet

examen

examen qu'elle doit s'attacher ; vouloir aller plus loin, c'est vouloir l'impossible & délirer dans ses prétentions. Cette vérité méconnue, ou malignement ignorée, est la source de ces déclamations indécentes qui piquent par le sel qui les accompagne, mais dont on rougit, parce que c'est toujours la mauvaise foi qui les dicte.

Toute révélation, dont les objets seront ouvertement & démonstrativement contraires à la raison, sera donc une révélation factice, & sera l'ouvrage des passions & de l'erreur. Ce principe, aussi raisonnable que solide, est, selon moi, la vraie pierre de touche de toute religion qui se dit révélée.

4°. Que je suis moralement certain qu'il existe une révélation, puisque ma raison est insuffisante pour fixer invariablement mon incertitude sur des points dont il est important que je sois pleinement convaincu.

## §. XIX.

D'APRÈS ces remarques, j'ouvre les annales des différens peuples : je les vois tous attachés au sentiment & au culte d'une divinité, mais partagés d'opinions & de méthodes ; ces opinions & ces méthodes ne font point celles de la raifon. J'interroge ces peuples, ils fe flattent tous d'une révélation particuliere. J'analyfe leurs dogmes; leur croyance, leur culte, leurs cérémonies, leur morale, & je ne découvre par-tout que des erreurs & des vices que ma raifon condamne, & dont je rougirois d'être efclave. Je retranche un détail humiliant pour la raifon, & qui n'eft point fait pour embellir l'hiftoire du genre-humain. Configné d'ailleurs dans les annales du monde, il dépofe conftamment contre cette même raifon qu'on éleve tant aujourd'hui, & qu'on eft cependant obligé d'avilir fi fouvent pour lui donner quelque crédit.

Je ne m'attache qu'aux quatre religions principales qui partagent la terre, & auxquelles toutes les autres tiennent comme des branches au tronc.

Le païen ne me paroît d'abord qu'un infenfé qui fonde fes efpérances fur des chimeres, & qui fait dépendre fon bonheur des êtres plus méprifables que lui. Je doute que l'homme le plus tolérant s'avisât de juftifier les ridicules objets de fon culte, & de préconiser la folie de ses superstitions. Le mahométan n'est à mes yeux qu'un voluptueux raffiné , qui prétend éterniser ses vices. Les pompeuses inepties dont son prophete a étayé ses dogmes extravagans , ne sont propres qu'à exciter l'indignation & la pitié d'un homme qui pense. On y découvre l'ambitieuse politique du législateur & du tyran , & l'ignorance , la bassesse , la stupidité de ses esclaves. Je préfere donc ma raison à une révélation qui m'aviliroit plus qu'elle , & je cesse de chercher la vérité chez des peuples qui ne connoissent pas même la voix de la nature.

## §. XX.

JE poursuis mon examen ; dans un coin de la terre, je trouve un peuple qui adore l'Éternel, & qui se glorifie d'une prédilection marquée de la part de cet Être suprême. Sa morale est la même que celle de la nature ; ses dogmes sont mystérieux, mais ils sont purs ; son culte me paroît chargé, mais il est noble ; son code, attribué à *Dieu* même, me paroît l'ouvrage d'une politique dure & sévere, mais il est parfaitement assorti au caractere de la nation. Je ne démêle point dans ses dogmes ce qui fait l'objet principal de mes recherches ; promesses & menaces, récompenses & châtimens , tout me paroît se borner au tems. Quoique *ce peuple ait eu la connoissance d'une autre vie*, cette autre vie n'étoit point clairement exprimée dans sa loi ; il ne pouvoit en faire l'objet de ses espérances qu'en la regardant comme une conséquence de ses autres dogmes. Cette obscurité sur un sujet si important , me tient en garde contre une méprise : je n'en serai que plus sévere dans mon examen.

Je suis ce peuple dans toutes les révolutions qu'il essuie, & par-tout je le vois, ou favorisé par des événemens extraordinaires, ou puni avec une rigueur qui m'étonne. A chaque pas que je fais dans les pays qu'il habite, ou comme esclave, ou comme libre, j'apperçois des monumens qui s'accordent avec l'histoire des faits ou tragiques, ou merveilleux qu'il me raconte. L'historien de ce peuple remonte jusqu'au premier âge ; il m'éclaire sur mon origine ; il débrouille à mes yeux le cahos des tems & le mystere de mon existence ; il renverse, d'un seul mot, cette foule de syftêmes dont l'incohérence & l'incompréhenfibilité, loin de fatisfaire, révoltoient au contraire & confondoient ma raifon. Cet hiftorien auffi naïf que fublime, auffi fimple qu'impartial, ne me laiffe pas plus ignorer les vices que les vertus de fon peuple, les châtimens que les récompenfes du *Dieu* qui le protege. Sa narration porte par-tout les caracteres de la vérité; il me nomme tous les peuples que fon peuple a vaincus, ou qui ont vaincu fon peuple; il me montre dans l'éclat de fes richeffes les nombreufes dépouilles de fes ennemis, & ne craint pas de m'avouer que quelques-uns de fes ennemis fe font enrichis à leur tour de fes propres dépouilles. Je compare les faits avec les monumens; je trouve entre eux la plus exacte liaifon & les rapports les plus intimes; je confulté les annales des peuples avec lefquels ce peuple dit avoir été en relation de paix ou de guerre, d'alliance ou de haine, de fervitude ou de domination, & je découvre, confignés dans ces annales, les mêmes faits que l'hiftorien Juif me tranfmet; je fuis forcé de conclure en faveur de la vérité de fon hiftoire.

C 3

J'analyse ensuite la plupart de ces faits qui, par le merveilleux qu'ils présentent, ont droit de me surprendre; je vois que ces faits n'ont pu avoir lieu qu'autant que les loix de la nature, qui me sont connues, ont été ou suspendues, ou changées. Ces faits sont vrais cependant, ils se trouvent si étroitement liés à des faits purement naturels, indubitables, qu'il m'est impossible de recevoir ou de rejetter les uns sans les autres.

Le passage de la mer Rouge, par exemple, tient à la poursuite des Égyptiens, la poursuite des Égyptiens à la fuite des Israélites chargés des plus précieuses dépouilles de l'Égypte : cette fuite tient aux plaies dont l'Égypte fut affligée ; ces plaies tiennent aux prodiges de Moïse, & à sa supériorité sur les mages de Pharaon ; les prodiges tiennent à la servitude du peuple d'Israël, & cette servitude est comme la base de l'empire des Juifs. Je prie ceux qui voudroient contester qu'il y eut entre ces faits une dépendance suffisante, je les prie, dis-je, de me rendre raison de la fuite des Israélites, de la poursuite des Égyptiens, & de la maniere dont les premiers leur échapperent. On me dira peut-être , comme l'a dit un auteur ; que je ne nomme point parce qu'il n'aime pas qu'on le nomme , à moins que ce ne soit pour l'applaudir , que Moïse étoit un *forcier*. La réponse est tranchante, comme on sent très-bien , on auroit tort d'en chercher une autre ; il est vrai qu'on ne croit plus de nos jours ni aux *forciers* , ni aux *fortileges* , mais on y croyoit alors , & par respect pour l'antiquité , on n'auroit garde de trouver mauvais qu'on se fût trompé en y croyant. Les *forciers* étoient dans ce tems-là des êtres très-communs & très-recommandables ; aujourd'hui ce ne font plus que des êtres chimériques. Et voilà comme les choses changent. Tout dépend du tems & des circonstances ; & peut-être un peu du but & de la fin que nos très-honnêtes critiques se proposent. L'auteur du Systême de la Nature ne manqueroit pas de dire , par exemple , que la nature a perdu l'habitude de faire de semblables *jets* , & qu'elle ne *pippe* plus les hommes de cette maniere. Il faut pour faire un forcier une *organisation* bien différente de celle du commun des hommes. Quoi qu'il en soit , *Moïse forcier* , ou le *for-*

*cier Moïse*, étoit le plus habile *forcier* de fon tems ; il efcamota probablement les eaux de la mer Rouge, & ce n'eft pas un petit mérite.

Mais cela ne détruit pas la liaifon des faits, & on la trouve cette liaifon dans toutes les parties de l'hiftoire de ce peuple ; de façon qu'il n'eft point de fait, foit naturel, foit furnaturel, qui ne trouve fa raifon, fon motif dans le fait qui le précede. Les faits merveilleux font donc enchaînés aux faits naturels ; la vérité des uns dépend de la vérité des autres ; il faut donc tout nier ou tout admettre : les faits naturels font inconteftables cependant ; je ne puis donc nier les faits furnaturels ; & comme ils paroiffent déroger aux loix de la nature, je ne puis les attribuer qu'au maître de la nature. Le maître de la nature étoit donc le protecteur de ce peuple : il en étoit le conducteur & le guide ; il avoit donc fait avec ce peuple une efpece d'alliance ; il lui avoit prefcrit des loix, & c'eft fur l'obfervance ou la tranfgreffion de ces loix que portoient fes promeffes & fes menaces. *Dieu* avoit donc parlé à ce peuple ; & ce n'eft pas en vain qu'il fe flatte d'une révélation particuliere. S'il est un *Dieu*, & si ce *Dieu* doit être adoré, sans doute, c'est ce peuple qui l'adore. Placé entre le juif & le païen, à qui dois-je me livrer ? Que l'Incrédule décide lui-même.

## §. XXI.

Ce peuple éprouve cependant les plus grandes révolutions ; infidele à son *Dieu*, il expie ses infidélités dans les plus dures servitudes : mais son repentir est toujours suivi d'une glorieuse délivrance. Ce qui me frappe le plus, c'est que ces événemens sont toujours à la suite de quelque prédiction qui en fixe l'époque & les moindres circonstances. Ces événemens attestés comme prédits par toute une nation, sont encore pour la plupart, relatifs à l'histoire des quatre grands empires qui se partageoient alors celui de la terre, & consignés dans leurs fastes. Que de témoins ! que de preuves de vérité ! Tout concourt à déterminer ma préférence, tout m'invite à m'attacher à ce peuple, & à le regarder comme le peuple choisi du *Dieu* que la nature me prêche.

Je tremble néanmoins de me livrer;

je crains d'être la dupe d'une impru-
dente crédulité, & de prendre les caprices de l'homme pour les ordres du
*Dieu* de l'homme.

Je récapitule en effet les loix du
peuple Juif, je les discute, je les compare avec celles de la raison ; & si
je trouve, entre quelques-unes, cette
conformité qui me rassure, il en est
d'autres qui m'offrent une espece de
dissonance qui m'effraie. Je crois voir
dans les unes de la puérilité, de l'i-
nutilité dans les autres ; celles-ci me
paroissent émaner d'un tyran plus jaloux que sage, plus sévere que juste ;
celles-là semblent se ressentir de la su-
perstition des peuples dont j'ai mé-
prisé la prétendue révélation. J'avois
prononcé en faveur de la divinité de
ces loix, je suis presque sur le point
de me rétracter, & de les regarder
pour la plupart comme indignes du
*Dieu* dont la bienfaisance & la sagesse
sont empreintes dans les œuvres de sa
puissance. Dans cette perplexité, j'ai
recours aux faits, je suis surpris de
les trouver en connexion avec des loix
que je suspecte. Je consulte les oracles ; cette histoire anticipée des faits
me montre encore plus clairement le

rapport, la liaison des faits avec les loix. Ces faits prédits ou vérifiés font, ou des récompenfes, ou des peines, temporelles, à la vérité, mais très-fouvent furnaturelles dans leur mode, & toujours dépendantes de l'obfervance ou de la transgreffion de ces mêmes loix. Je fais que l'homme ne fauroit, par lui-même, pénétrer dans l'abyme de l'avenir ; je fais que fa puiffance ne s'étend pas jufqu'à maîtrifer la nature. Je ne puis donc attribuer qu'à Dieu les prodiges & les oracles qui précedent, ou qui accompagnent l'obfervance ou la transgreffion de ces loix ; & ces loix me paroiffent défectueufes, peu dignes par conféquent d'un légiflateur *indéfectible !* Ce feul point m'arrête, & je cherche, avant de me décider, à débrouiller, s'il eft poffible, une contradiction qui me choque.

## §. XXII.

Mes efforts ne font ni longs ni infructueux : en parcourant les écrits pleins de force de ces hommes infpirés que le Juif me préfente avec une refpectueufe frayeur, je trouve des oracles que l'événement n'a point encore juftifiés. Les uns lui prédifent que le fceptre fortira de Juda, & qu'à cette époque le defiré des nations, viendra pour réunir tous les peuples. D'autres, plus rapprochés, lui promettent que cette longue & cruelle fervitude dans laquelle il gémiffoit au milieu de Babylone, finiroit après un tems que le prophete détermine lui-même ; qu'en conféquence de cet heureux événement, le temple & la ville de Jérufalem feroient rétablis, & qu'enfin, après un intervalle confidérable encore fixé par l'oracle, le *Chrift* ou ce Libérateur par excellence, fi fouvent préconifé, paroîtroit, feroit méconnu, & mis à mort par fon peuple. Ceux-ci le préparent à la ruine entiere & perpétuelle de ce même temple & de cette même ville, à l'abrogation de fes loix, de fon culte, de fes cérémonies, & à une captivité pleine d'humiliation & d'infamie. Ceux-là, lui prophétifent des biens dont il n'avoit aucune idée, & fur la nature defquels il lui eft aifé de fe méprendre ; une gloire fupérieure dont il avoit brillé jufqu'alors, une puiffance indépendante, &c. & le tout, par la vertu d'un chef mille & mille fois promis. D'autres enfin , lui annoncent un Légiflateur nouveau dont la loi plus parfaite renfermera de plus grandes & de meilleures promeffes , & qui abolira cette loi de terreur, cette politique dure , ces facrifices auffi infructueux dans leur vertu , qu'onéreux par leur nombre & par la néceffité de les réitérer ; ces cérémonies enfin , ce rit, ce culte, plus propres à en impofer aux fens par leur pompe , qu'à honorer l'Être fuprême par leur pureté : qui détruira, en un mot, tout ce qui fent l'efclavage & la groffiéreté de la chair pour y fubftituer tout ce qui tient à la liberté & à l'élévation de l'efprit.

Ces oracles , & plufieurs autres de cette nature , commencent à m'ouvrir les yeux fur la fin & le caractere d'une loi qui me paroît défectueufe en certains points. Je vois qu'elle n'eft que l'ombre & la figure d'une loi plus parfaite qui doit épurer mes lumieres & mes mœurs. Ma furprife fur les défauts de cette premiere loi, fait place ici à une furprife plus grande encore ; je fuis étonné qu'un *Dieu bon*, qu'un *Dieu fage*, ait befoin de corriger fon propre ouvrage. Mais il ne m'appartient pas de vouloir pénétrer dans fes deffeins;

je ne me permets pas même des conjectures, & j'attends dans un respec-
tueux silence que les oracles s'accomplissent : dans ce cas je dois croire sans
balancer.

## §. XXIII.

Déjà la plénitude des tems est arrivée, tous ces oracles se développent,
Jérusalem brille d'une gloire nouvelle,
le temple est ouvert, les sacrifices re-
commencent, la nation reprend son
ancien lustre. Bientôt, sans perdre entiérement sa liberté, elle perd une
partie de sa puissance ; les Romains
la rendent tributaire & dépendante
dans l'exercice même de ses propres
loix. Bientôt tous les signes qui devoient précéder la venue du grand
prophete, du Législateur nouveau, du
Sauveur d'Israël, du *Messie*, en un
mot, promis & figuré depuis l'origine
du monde, commencent à paroître.
Déjà le sceptre est sorti de Juda, une
paix générale succede aux troubles qui
agitoient la terre ; la profanation s'introduit dans le sanctuaire, les mœurs
d'Israël se corrompent. Un bruit sourd
se répand que le *Messie* doit bientôt
paroître ; des imposteurs s'en arrogent

le titre, on les respecte : ils se démentent, on les abandonne. Toute la Judée est en attente : *Jésus - Christ* paroît avec ce titre consolant, il vérifie les oracles, il réalise les figures dans son berceau même : après trente ans d'une vie obscure & paisible, il commence son ministere, il se forme un petit nombre de disciples, il parcourt la Judée, & laisse par-tout des traces de ses bienfaits, de sa sagesse & de sa puissance ; il étonne les peuples, autant par la sublimité de sa morale, la pureté de sa doctrine, la noble simplicité de ses discours, la profondeur de ses maximes & de ses paraboles, que par l'éclat & le nombre de ses prodiges ; il communique sa vertu à ses disciples, & la nature soumise obéit à leur voix. Le Juif frappé lui prodigue les titres les plus pompeux, il est reçu en triomphe dans Jérusalem : mais bientôt après, on le saisit, on le juge, on le condamne, & il termine une vie pleine d'innocence & de gloire par le supplice des scélérats & des esclaves. Il avoit prédit qu'il ressusciteroit, & ses disciples annoncent qu'il est réellement ressuscité ; ils prêchent en conséquence &

par son ordre, sa morale, sa doctrine & sa divinité à toutes les nations; & ils justifient leur mission, leurs dogmes; leurs préceptes par les plus éclatantes & les plus étonnantes merveilles. On les menace, & ils ne sont point intimidés; on les flatte par des promesses, & ils ne sont point séduits; on les tourmente par les plus cruels supplices, & ils ne sont point découragés. Le nombre de Chrétiens augmente par la persécution; le sang & les prodiges sont les semences de la foi, & tandis que la synagogue subit par gradation toutes les parties de l'anathême auquel elle a été vouée par ses prophetes & par le *Christ*, l'univers se soumet, l'univers est chrétien.

## §. XXIV.

AVANT d'entrer dans la discussion de tous ces faits, je prends en main le testament ou la loi de mon nouveau Législateur; je sépare la morale du culte, & le culte du dogme. La morale me frappe par sa beauté; elle éleve, elle agrandit mon ame; je répéterois volontiers, après un de nos prétendus philosophes, que *l'auteur en est plus grand que le héros:* je la rapproche de celle de la nature, & je la trouve plus épurée dans ses motifs, plus développée dans ses préceptes, moins incertaine & moins flottante dans ses décisions, plus solide dans ses promesses, plus propre à me retenir par ses menaces. Je la compare à celle de *Moïse* : le Législateur juif perd dans cette comparaison une partie de sa grandeur. Je consulte mes intérêts & mon amour-propre, ils se réunissent pour me dire que je puis desirer, sans crainte, que mes semblables soient Chrétiens : je conclus que cette morale est le plus ferme appui du bonheur des sociétés, & qu'il faut être Chrétien pour être véritablement honnête homme.

Le culte ne me paroît que très-raisonnable, soit en lui-même, soit que je le compare aux anciennes superstitions des peuples ; & dans la nécessité d'honorer l'Être suprême par un culte extérieur, je le préfère à tout autre, parce que je le crois plus propre à lui rendre l'hommage qui lui est dû, en ce qu'il doit être toujours accompagné du culte intérieur que ma raison m'ordonne de lui rendre. Je ne risque donc rien d'être Chrétien pour la morale & pour le culte. Je dis plus, je dois l'être, ma raison m'en impose la loi.

Je passe enfin aux dogmes. Au premier coup-d'œil, ils révoltent presque ma raison; j'en suspecte la vérité. Celui qui me rassure sur l'indestructibilité de mon être me flatte cependant, ma raison ne desire rien tant que d'y souscrire, elle n'envisage le néant qu'avec horreur : mais je ne puis sur ce point m'en rapporter au Législateur qui m'éclaire sans être assuré de la divinité de sa mission, & je ne puis être assuré de la divinité de sa mission sans embrasser comme vrai tout son système de doctrine. Ce seroit, en effet, le comble de l'extravagance de se refuser au témoignage d'un *Dieu*, ou d'un homme qui me parle de la part d'un *Dieu*. Cette divinité dépend par rapport à moi de la vérité des faits que j'ai détaillés. C'est donc à ces faits que j'ai recours pour décider de ma foi.

## §. XXV.

AI-JE besoin de faire usage des loix d'une critique sévere ? Suis-je obligé de calculer le nombre & la probité des témoins ? d'apprécier la

valeur des témoignages? Dois-je me
condamner à l'ennui d'un examen mi-
nutieux? Eſt-il néceſſaire que j'interroge tous les ſiecles, & que je fouille
dans les archives du Juif & du Païen
pour m'aſſurer que ces faits ne ſont ni
tronqués ni ſuppoſés? Non, mes yeux
& ma raiſon me ſuffiſent, je puis juger par moi-même, & le raiſonnement
le plus ſimple porte la conviction dans
mon eſprit & la ſécurité dans mon
cœur.

Je ne puis douter de l'exiſtence actuelle du chriſtianiſme : je ne puis douter de la décadence du judaïſme, &
de l'humiliation, de la honte des reſtes
épars d'une nation autrefois glorieuſe-
ment diſtinguée. Mes ſens ſont ici les
garans de la vérité. D'après la conviction intime de ces deux faits, je rai-
ſonne & je vais de certitude en certitude.

§. XXVI.

LA Religion chrétienne a un auteur,
me dis-je à moi-même ; & comme il
eſt entre cette religion & ſon auteur
un rapport eſſentiel d'exiſtence, il eſt
auſſi entre elle & lui un rapport eſſentiel de menſonge ou de vérité. Je ne

saurois approfondir les dogmes de cette Religion; je n'ai pas été témoin des faits dont l'auteur de cette Religion en étayoit les dogmes; mais je sens très-bien que la vérité des dogmes dépend de la véracité de leur auteur, & que la véracité de leur auteur repose uniquement sur la nature & la vérité des faits dont il s'est servi pour faire embrasser les dogmes. La connexion, la dépendance me paroissent essentielles, & je vois que je puis conclure, sans crainte, de la vérité des faits à la vérité des dogmes.

Ce principe incontestable une fois posé, j'en établis un autre non moins certain : c'est que l'auteur du christianisme a enseigné des dogmes, qu'il a eu des disciples, que ces disciples ont enseigné d'après lui, & se sont formés à leur tour des disciples; & ainsi de siecle en siecle; de maniere que je trouve la raison de la foi d'un siecle, dans la foi d'un siecle précédent, & les motifs de la foi de celui-ci, dans les motifs de la foi de celui qui le précede.

A la suite de ce second principe, j'en pose un troisieme que je regarde encore comme indubitable. C'est que les peuples ont été originairement, ou forcés, ou séduits, ou entraînés par la force de la vérité : c'est par l'un de ces trois moyens que la Religion chrétienne s'est établie ; c'est l'un de ces trois moyens par conséquent qui a influé & qui influe encore sur sa perpétuité.

Mon examen se réduit donc à découvrir si la violence ou la séduction a été mise en œuvre pour assurer la propagation de la foi. Pour cela je n'aurai point recours à l'histoire de l'évangile ; ce témoin pourroit paroître suspect, ma raison sera mon guide.

## §. XXVII.

Je conçois sans effort que la violence & la séduction, soit qu'on les emploie l'une & l'autre, soit qu'on s'en serve séparément, peuvent produire sur l'esprit des hommes, grossiers sur-tout, les mêmes effets que la vérité elle-même. C'est par l'une & par l'autre que le *mahométisme* a fait de si rapides progrès. C'est par la séduction seule, fondée, d'un côté, sur l'ignorance, & de l'autre sur la fraude, l'illusion & le prestige, que le *paganisme*

s'eſt introduit, s'eſt ſoutenu, s'eſt am-
plifié. Mais je conçois auſſi que la
vérité ne ſauroit s'allier avec la ſéduction & la violence; & que ſi ſes progrès ſont plus lents, ſon triomphe eſt
plus noble, ſon empire plus conſtant
& plus ſolide. Ce n'eſt ni par l'oppreſſion, ni par l'impoſture que *Dieu*
manifeſte aux hommes ſes volontés &
ſes deſſeins. Cette réflexion, bien naturelle ſans doute, me conduit à une
conſéquence qui ne l'eſt pas moins :
c'eſt que ſi on n'a pas employé ni la
ſéduction, ni la violence pour établir
& pour accréditer la Religion chrétienne, je ne puis douter ni de la vérité des faits, ni de la vérité des
dogmes, ni de la véracité des auteurs
des dogmes & des faits.

<h2 style="text-align:center">§. XXVIII.</h2>

PERSONNE ne s'eſt encore aviſé
de me donner l'auteur du *chriſtianiſme*
pour un légiſlateur tyrannique qui ait
ravagé la terre par ſes fureurs, & ſub-
jugué les eſprits en déchirant les corps.
On ne me donne pas non plus ſes
premiers diſciples pour des perſécu-
teurs & des bourreaux. Je ſais, & on en

convient, qu'ils ont versé leur propre
sang pour la foi : mais je ne lis nulle
part qu'ils en aient fait verser pour faire
embrasser la foi. Ce n'est donc pas par
le fer & par le feu que la Religion
chrétienne s'est établie ; la violence n'a
donc point eu de part à ses premiers
progrès. Ce n'est donc pas là le motif
de la foi des premiers siecles ; ce n'est
donc pas non plus le motif de la foi
des siecles suivans. Nous ne pouvons
donc pas dire que nous sommes chrétiens, parce que nos peres ont été
persécutés pour en prendre le titre.
Nous pourrions dire au contraire que
ce titre que nous respectons si peu &
que nous cherchons à justifier, est le
prix de leur sang. Ce sang ne seroit-il
pas une preuve de la vérité, ou, tout
au moins de la conviction de ceux
qui l'ont répandu ? Et de quel poids
une conviction si sensiblement exprimée n'est-elle pas pour un esprit
juste ?

On pourroit m'objecter ici les fureurs du fanatisme & les horreurs des
guerres de religion. Mais j'espere qu'avec
un soupçon de bonne-foi, on ne confondra pas si grossiérement les abus des
loix avec les loix mêmes, & qu'on

n'attribuera pas à la Religion des cruautés qu'elle condamne, & dont elle rougit. Malheur à ceux qui font fervir une religion qui ne refpire & ne prêche que la paix, la douceur, la charité, la bienfaifance, & toutes les vertus fociales ; qui la font, dis-je, fervir de voile & de prétexte aux paffions fanguinaires qui les animent. Mais les loix les plus facrées font fouvent violées par ceux même qui font chargées de leur dépôt.

## XXIX.

LA féduction a pour motif & pour bafe l'intérêt ou l'ambition du féducteur ; l'artifice, la diffimulation, le preftige, la fraude font fes moyens ; l'ignorance, les préjugés, les paffions la favorifent. On feroit, je penfe, fort embarraffé de déterminer l'efpece d'intérêt ou le genre d'ambition qui guidoit l'auteur du chriftianifme & fes premiers apôtres : on ne le feroit pas moins de prouver leur fourberie ; & on le feroit plus encore de citer les paffions ou les préjugés qu'ils ont flattés par leur doctrine, ou autorifé par leurs mœurs. Quand on n'a d'autre perfpec-
tive

tive que la mort , & une mort hon-
teuſe, qu'on le prévoit, qu'on le prédit, & qu'on fait entrevoir le même
ſort à ceux qu'on veut ſéduire : on ne
peut guere être accuſé d'intérêt ou
d'ambition, & moins encore de diſſimu-
lation & d'artifice.

On ne dira pas ſans doute que ces
prétendus ſéducteurs avoient une parfaite connoiſſance de leur gloire future;
des ſéducteurs prophetes & triom-
phans, pendant dix-ſept ſiecles, de la
crédulité des peuples, ſans violence,
ſans appui, ſans ſoutien, ſans autre
ſecours que celui de l'impoſture; croi-
ſant en outre toutes les prétentions de
l'orgueil, ruinant toutes les reſſources
de l'amour-propre, réfrénant toutes
les paſſions, réprimant même les plus
doux penchans de la nature ! La contradiction ſeroit trop forte : un pareil
triomphe ſeroit d'ailleurs la honte du
genre-humain, & l'argument le plus
inſurmontable contre l'exiſtence d'un
Etre ſouverainement juſte & ſouverainement vrai.

N'importe : on a taxé *Jeſus-Chriſt*
d'impoſteur, & on l'a condamné comme
tel ; je n'examine point ſur quel fondement, l'examen ſeroit trop long,

& ne feroit fûrement pas défavorable à l'accufé : je me contente de tirer de cette accufation des conféquences qui en prouveront mieux l'injuftice & l'abfurdité.

## §. XXX.

JE ne dirai pas que, d'après cette fuppofition, l'établiffement de la Religion chrétienne, eft le plus étonnant & le plus incompréhenfible de tous les prodiges. Un impofteur mis à mort, foutenu, après la publicité de fes ignominies & de fa honte, par d'autres impofteurs punis & connus comme tels, triomphe de la politique, de la force, des préjugés, des paffions, peut-être même de la vérité : quel renverfement dans l'efprit des peuples ! On pourroit, je crois, tirer parti d'un fait auffi extraordinaire, & en combinant les moyens avec les obftacles, & les fuccès avec les obftacles & les moyens, on feroit fûrement forcé de renoncer à la fuppofition.

Ceux qui, pour affoiblir cette preuve de la Religion chrétienne, ne craignent pas de comparer fes progrès à ceux du paganifme, du mahométifme, &c. devroient être affez juftes pour conparer aussi les moyens, & ne pas glisser si légérement sur la nature des Religions en elles-mêmes, & sur le caractere des peuples qu'elles ont soumis ; ils concluroient peut-être, après un mûr examen de ces petites *bagatelles*, qu'une erreur flatteuse & favorable aux passions, présentée, sur-tout, les armes à la main, peut aisément trouver des partisans, & que la force qui fait des esclaves, peut bien aussi faire des *croyans* ; & ils conviendroient sûrement du contraire, s'il s'agissoit d'une erreur gênante & défavorable, proposée par l'indigence & la foiblesse, par des hommes, en un mot, avilis par le préjugé, & aussi méprisés qu'impuissans par leur état. L'esprit-humain est tel qu'il ne cede qu'à la vérité, ou à l'erreur qui en revêt les apparences & qui supplée à la réalité par des avantages séduisans. Celle-ci l'emportera même, si l'on veut, très-souvent sur la vérité connue, & qui n'aura point à sa suite les faux biens que l'homme poursuit : mais il n'embrassera jamais, ou il ne feindra pas d'embrasser sans intérêt une erreur démontrée, il n'est pas jusqu'à ce point l'ennemi du vrai.

Ce ne sont là que des réflexions

morales; elles portent cependant sur l'essence de l'homme; elles pourroient nous conduire loin : mais je les abandonne pour tirer mes conséquences.

### PREMIERE CONSÉQUENCE.

Si *Jesus-Christ* ne fut qu'un imposteur, les juifs ne sont coupables ni de l'avoir condamné, ni de l'avoir puni. Par sa mort ils ont également vengé *Dieu* & les hommes, & ils ont pris le moyen le plus efficace pour prévenir les progrès de l'erreur, & les maux qui en résultent nécessairement pour l'humanité.

### SECONDE CONSÉQUENCE.

Si les Juifs ne sont point coupables, je ne vois dans leur état présent qu'une suite naturelle de l'instabilité des empires, & le résultat de ces révolutions politiques qui portent en dernier ressort sur les passions des hommes. Cet état ne doit plus être regardé comme un châtiment & comme un monument éternel des vengeances d'un *Dieu* juste sur un peuple prévaricateur. Je ne vois plus en conséquence dans cet état, ni honte, ni opprobre, ni infamie; je n'y vois que l'oppreſſion, & cette oppreſſion eſt le crime de tous les peuples. Cet acharnement de tous les peuples contre une nation éparſe & incapable de nuire, me frappe cependant. L'exiſtence même de cette nation dans cet état d'oppreſſion & d'aviliſſement me ſurprend encore plus; je ne conçois pas comment elle ſe perpétue & ſe ſoutient depuis dix-ſept ſiecles dans cette eſpece d'eſclavage, ſans chef, ſans domination, ſans aucune forme de gouvernement politique, ne jouiſſant, en un mot, que d'une exiſtence précaire & ſubordonnée à des loix étrangeres; je ne conçois pas comment elle ne s'eſt pas depuis long-tems confondue elle & ſon nom avec les nations qui la ſubjuguent & l'oppriment. On pourroit comparer les Juifs avec ces anciens peuples dont on ne connoît les noms que par l'hiſtoire, & demander quel peut être le fondement d'une ſi grande différence: mais je laiſſe à nos philoſophes le ſoin de lever ces petites difficultés.

## TROISIEME CONSÉQUENCE.

Si l'état présent des Juifs n'est point un châtiment, tous les oracles dont ils se glorifient ne sont que de faux oracles ; tous leurs prétendus prophetes n'étoient que des visionnaires dont l'imagination exaltée n'enfantoit que des rêves funestes ; dont la nation étoit la dupe.

Je pourrois me dispenser de justifier cette conséquence ; depuis long - tems nos beaux esprits ne donnent à ces hommes inspirés d'autres qualifications que celle de rêveurs & de fourbes, sans s'embarrasser des suites. Malheureusement dans le cas présent, l'événement pourroit les faire passer pour vrais : car enfin ils n'ont prédit que ce qui arrive, & il n'arrive que ce qu'ils ont prédit. Que faut-il de plus pour décider la vérité d'un oracle ? L'impossibilité de prévoir par le concours des causes naturelles, ce qu'on annonce. Or comment se peut-il que sept ou huit siecles auparavant, les causes naturelles fussent tellement arrangées, tellement combinées, que le fait prédit y fût gravé de maniere qu'il ne fallût que des yeux pour l'y démêler avec toutes fes circonftances. On conviendra que ceux qui l'ont ainfi vu y voyoient de loin, & que ce n'eft pas à tort qu'on les appelloit *voyans*; ou que s'ils ne l'ont pas vu, la fortune ou le hafard les a bien fervis : mais la digreffion eft affez longue, paffons à notre conféquence.

Je dis donc que fi l'état actuel des juifs n'eft pas un châtiment, tous leurs oracles font faux. Il ne fuffit pas, en effet de confidérer cet état en lui-même comme un fait ifolé, fans liaifon & fans rapport, puifque c'eft un fait prédit de l'aveu de ceux même qu'il regarde ; il faut l'examiner dans les oracles qui le renferment, & rapprocher enfuite l'événement de la prédiction jufqu'aux moindres circonftances qui accompagnent l'un & l'autre. Pour peu qu'on foit verfé dans l'hiftoire prophétique de ce peuple, on doit favoir que le but principal de la plupart des prophéties, eft d'annoncer à cette nation un libérateur par excellence, un légiflateur nouveau, un *Meffie* en un mot; & qu'on trouve dans tous les prophetes les principaux caracteres qui doivent fervir à le faire connoître. Je pourrois citer à cet égard les *Jacobs*, les *Isaïes*, les *Jérémies*, &c. On doit savoir encore que, selon les prophetes, ce *Messie* si bien caractérisé, si souvent prédit, si ardemment desiré & si long-tems attendu, devoit être méconnu par le peuple même auquel il étoit annoncé, & qui l'attendoit; que tous les opprobres dont il devoit être couvert, tous les mauvais traitemens qu'on devoit lui faire, les injures dont on devoit l'accabler, les maux qu'il devoit endurer, la mort enfin qu'il devoit subir : tout étoit également prédit & parfaitement détaillé. On doit savoir enfin que l'ingratitude du peuple juif envers le *Messie* promis, est annoncée dans ces mêmes oracles, comme l'époque & la cause des maux qu'il devoit endurer jusqu'à la consommation des siecles, & de cette réprobation dont les humilians effets devoient s'étendre à toutes les générations, & se perpétuer d'âge en âge sans retour & sans terme. Il faut n'avoir jamais lu les prophéties de *Jérémie*, de *Daniel*, de *Malachie*, d'*Osée*, &c. pour ignorer que c'en est là le précis. Dès-lors le raisonnement le plus simple justifie la conséquence que j'ai tirée.

Tout châtiment suppose un crime, puis-je dire, parce que le crime doit nécessairement précéder la peine qui lui est due. Si donc l'état actuel des Juifs n'est point un châtiment, cette nation n'a point à se reprocher le crime qui, selon les prophetes, devoit précéder son état présent; si elle n'est point coupable de ce crime prédit, elle n'a donc pas méconnu le *Messie* promis; si elle n'a pas méconnu ce *Messie* promis, ou ce *Messie* n'a pas encore paru, ou elle le révere en secret, ou c'est à tort qu'on le lui faisoit attendre. Dans ce dernier cas, les prophéties sont évidemment fausses. Dans le premier, elles sont fausses aussi, parce que le tems marqué dans les prophéties pour l'arrivée du *Messie* est passé depuis très-long-tems. Le second est une fausse supposition; cette nation ne seroit pas si malheureuse, si elle avoit à sa tête ce libérateur puissant qui devoit la faire triompher de tous ses ennemis; d'ailleurs elle convient de bonne foi qu'elle languit encore dans l'attente, & son aveuglement à cet égard est la plus forte preuve de son crime & de la vérité des oracles. Qu'elle prête à ses malheurs toute autre cause ! Ce font d'autres crimes dont elle fe charge pour fe difculper de celui dont on l'accufe. Elle ne voit pas qu'en s'écartant du fens de fes oracles, elle en fait fufpecter la vérité, & que ce foupçon retombe fur la divinité de la révélation dont elle fe glorifie. Les oracles du peuple juif ne font donc que de faux oracles, fi l'état actuel de ce peuple n'eft point un châtiment.

## QUATRIEME CONSÉQUENCE.

Si les oracles du peuple juif ne font que de faux oracles, les prodiges qu'il dit s'être opérés en fa faveur ne font non plus que des preftiges. Une Religion qui ne porte que fur de faux oracles, ne fauroit avoir des miracles vrais, fur-tout fi elle fe fonde fur les uns & les autres, elle ne feroit alors qu'un affemblage monftrueux d'erreur & de vérité. Si les oracles font faux, les faits miraculeux le feront donc auffi.

## CINQUIEME CONSÉQUENCE.

Si les faits miraculeux renfermés dans l'hiftoire du peuple juif ne font que des faits fuppofés, la Religion de ce peuple n'eft qu'un tiffu d'erreur & d'impofture : cette conféquence eft fort naturelle, ce n'eft cependant qu'une conféquence de fuppofition; mais loin de la rejetter, nos *philofophes* ne manqueroient pas de la regarder comme une conféquence néceffaire, parce qu'ils en regardent les principes comme démontrés. Il eft aifé de leur donner, fur ce point, comme fur bien d'autres, un démenti formel, en faifant crouler d'un feul coup tout cet édifice de fuppofition.

## SIXIEME CONSÉQUENCE.

Si les faits miraculeux, & conféquemment la révélation du peuple juif, ne font que des faits fuppofés ; les faits hiftoriques, ou pour mieux dire, l'hiftoire entiere de ce peuple n'a plus, ni fondement, ni probabilité. Ces faits, quoique dans un ordre différent, font dans une abfolue dépendance les uns des autres, & quant à leur exiftence, & quant à leur certitude : un exemple va mettre cette vérité dans tout fon jour.

Il eft écrit dans l'hiftoire du peuple

juif, qu'il ne sortit de l'Egypte que pour aller prendre possession de la terre de *Chanaan* : depuis sa sortie d'Egypte jusqu'à la prise de possession de cette terre, il s'écoula un espace de quarante ans. L'historien Juif assure que son peuple passa ces quarante ans dans le désert, sans relation avec aucun peuple, & que par un miracle perpétuel, la *manne* tomboit réguliérement tous les jours pour le nourrir, ses habits se conserverent, &c. voilà le fait.

Il est certain, de toute certitude historique, que le peuple juif est sorti de l'Egypte ; il est aussi certain qu'il s'est emparé de la terre de Chanaan, & il n'est pas moins certain que de l'époque d'un fait à l'autre, il y a eu quarante ans d'intervalle. Pour concilier les deux premiers faits, il faut que je découvre ce que ce peuple est devenu pendant cet intervalle de quarante ans ; il faut que je le suive depuis sa sortie d'Egypte, jusqu'à son entrée dans la terre promise : sans cela je ne sais plus si le paisible habitant de Chanaan est le même que l'esclave de Pharaon ; je perds le fil de l'histoire, & j'ignore absolument si les deux faits en queftion regardent le même peuple. Or il n'eft point de milieu, il faut que ce peuple ait paffé ces quarante ans dans le défert, comme le dit fon hiftorien, fans commerce & fans relation avec tout autre peuple, ou qu'il ait été reçu chez quelque peuple à titre d'hofpitalité, ou à titre de fervitude. Pour donner un démenti à l'hiftorien juif, il faut que je connoiffe, ou qu'on me faffe connoître, ce peuple qui a afservi le peuple d'Ifraël à fa fortie d'Egypte, ou qui a été affez mauvais politique pour lui donner un afyle. Cette derniere fuppofition répugne; la premiere eft impoffible à prouver. Je dois donc m'en tenir à l'hiftoire; & l'exiftence du peuple juif dans le défert pendant quarante ans, me paroît un fait auffi avéré qu'aucun autre fait de l'hiftoire de ce peuple.

Qu'on retranche donc maintenant les prodiges qui fe font opérés dans le défert en faveur du même peuple : fon exiftence me paroît, ou impoffible, ou furnaturelle. Comment ce peuple qu'on fait monter à fix cens mille hommes, fans compter les femmes & les enfans, comment a-t-il été nourri ? Comment a-t-il été vêtu ? a-t-il trou-

vé dans un désert aride de quoi fournir à tous ses besoins ? A-t-il existé
sans besoins, ou sans moyen de les
satisfaire ? Je n'en sais rien : mais je
sais très-bien que, quelque parti que
je prenne, il faut que je recoure au
miracle, ou que je reconnoisse l'absurdité de l'histoire ; que je rejette par
conséquent comme controuvés des faits
dont on se sert au besoin pour décréditer le merveilleux des autres, mais
qu'on n'a pas encore pris le parti de
contester.

Il seroit facile de prouver par d'autres exemples, la même liaison, la même
dépendance ; celui que nous venons
de rapporter suffit cependant, parce
qu'un miracle démontré vrai prouve
autant que dix mille : c'est le sceau de
la divinité, & la divinité ne sauroit se
déclarer pour l'erreur ; ajoutons que
la vérité d'un miracle est une preuve
du moins de la possibilité des autres,
lorsqu'ils ont la même fin & le même
objet.

La vérité des faits historiques dépend
donc ici de la vérité des faits miraculeux : donc si les faits miraculeux sont
supposés, les faits historiques n'ont
plus, ni fondement, ni probabilité.

## SEPTIEME CONSÉQUENCE.

Si l'histoire du peuple juif n'a, ni fondement, ni probabilité, l'exiſtence actuelle de ce peuple eſt un vrai myſtere : d'où tient-il ces loix religieuſes qu'il pratique, ce culte qu'il obſerve, ces cérémonies qu'il reſpecte, & pour leſquelles il montre un zele ſi vif & ſi ardent, malgré la gêne, la contrainte, l'oppreſſion dans laquelle il gémit ? D'où tient-il ces livres qu'il regarde comme ſacrés, & qui dans notre ſuppoſition ne ſont que le mépriſable dépôt de l'hiſtoire & des loix d'une nation imaginaire ? D'où vient-il lui-même ? Où & comment a-t-il exiſté ? Quelles ſont les cauſes de ſa diſperſion ? Comment & pourquoi ſe trouve-t-il dans toutes les parties de l'univers avec le même nom, les mêmes loix, le même culte, les mêmes cérémonies & la même dépendance parmi des peuples différens qui ont tous pour lui la même horreur & les mêmes ſentimens ? Comment......Mais les *comment* ne finiroient point, & le myſtere deviendroit toujours plus impénétrable.

Je reviens maintenant ſur mes pas,

& certain de l'existence d'une nation qui éprouve les mépris & la haine de toutes les autres, je m'assure par ses propres annales, par le nom qu'elle porte, par ses mœurs, par ses loix politiques & religieuses, que son origine est la même que celle des anciens *Juifs*, & je conclus que cette nation dispersée offre aux yeux de l'univers les tristes débris, les restes malheureux d'un peuple autrefois appellé le peuple *choisi*, le peuple *redoutable*, le peuple de *Dieu*.

L'histoire de ce peuple n'est rien donc moins que fabuleuse, il a jadis existé, puisqu'il existe aujourd'hui, & il a existé, sans doute, de la maniere que son historien le dit, puisqu'il m'est impossible de convaincre cet historien de faux. Si l'histoire est vraie, les prodiges qui sont racontés dans l'histoire ne sauroient être faux : la vérité de l'histoire dépend de la vérité des faits contenus dans l'histoire, & les prodiges sont des faits ; nous l'avons observé d'ailleurs, il regne entre l'histoire & les prodiges une si étroite liaison, une dépendance si absolue, qu'on ne peut porter sur ces deux objets qu'un même jugement. Si les prodiges sont vrais, les oracles font à l'abri de tout foupçon, puifqu'ils partent du même principe, & qu'ils ont le même fondement, le même objet & la même fin. J'apprends par les oracles que l'état préfent du peuple juif eft la jufte peine d'un crime, & d'un crime dont toute la nation s'eft rendue coupable ; ce crime, c'eft une méprife inexcufable, un aveuglement volontaire, une ingratitude monftrueufe ; c'eft la mort du roi de gloire, du *Meffie* promis ; ce *Meffie* a donc déjà paru. Pour conclure que *Jefus-Chrift* n'eft point un impofteur, je n'ai donc plus qu'à prouver qu'il étoit le vrai *Meffie*. La conduite des Juifs à fon égard me fourniroit ici une preuve fuffifante, mais elle ne fatisferoit pas peut-être tous les efprits : quoiqu'en la rapprochant de tout ce que j'ai dit, il faudroit être bien difficile pour ne pas s'y rendre. Il en eft une autre que les apologiftes de la religion ont très-bien fu faire valoir ; elle confifte à ramaffer tous les caracteres fournis par les prophetes pour préparer les efprits, & les forcer, pour ainfi dire, à reconnoître cet *envoyé de Dieu*, & à montrer que tous ces caracteres ont été réunis dans ce *Jesus* que les Juifs ont méconnu, & qu'ils ont crucifié, afin que les écritures s'accomplissent. Je ne prétends point infirmer ces preuves, j'en connois, j'en sens toute la force; & plût à Dieu que tout le monde la sentît comme moi, nous n'entendrions pas tant de blasphêmes; & tout occupés à remplir des devoirs que chaque homme regarderoit comme indispensables pour lui, on seroit dispensé de défendre la religion qui les impose, parce que personne ne seroit assez méchant, assez déraisonnable pour la combattre. Mais malheureusement l'impiété prévaut, l'irréligion est à sa suite; les mœurs se ressentent de leur dangereuse influence; il faut, pour ainsi dire, parler aux yeux pour arrêter les progrès du crime & de l'erreur: trop heureux encore si on pouvoit se flatter de quelque succès; mais la vérité, comme la vertu, semble avoir abandonné la terre. Essayons du moins de la montrer aux hommes: si nos efforts sont vains, nous aurons du moins rempli la tâche que la probité, la raison, l'amour de l'humanité, & le zèle pour le bonheur de la société nous imposent.

Je l'ai déjà dit, l'existence actuelle du christianisme & la décadence du judaïsme sont les seuls faits sur lesquels je fonde toutes mes preuves; ce sont-là les seuls garans de ma foi. Ces faits appuyés sur le témoignage de mes sens, sont également à l'abri, & des sophismes de l'incrédulité, & des discussions de la critique. Les conséquences qui en découlent sont très-naturelles; raisonnons donc encore, & concluons. Nous n'avons plus, pour décharger entiérement le législateur des chrétiens de l'accusation d'imposture dont les Juifs se servirent pour le condamner, & que l'incrédule s'efforce d'accréditer, pour obscurcir, s'il étoit possible, la gloire de ce divin médiateur, nous n'avons plus, dis-je, qu'à prouver qu'il étoit le vrai *Messie*.

## §. XXXI.

L'ÉTAT actuel des Juifs a été prédit, comme nous avons vu; & les oracles qui en détaillent non-seulement toutes les circonstances, mais qui en pénetrent encore & en expliquent la cause & les motifs, sont de vrais oracles. Nous avons tiré de cette vérité

fondamentale les plus justes conséquences. Ces mêmes oracles annoncent
une législation nouvelle, un sacerdoce
nouveau, un nouvel ordre de sacrifices, de cérémonies, de promesses,
une religion nouvelle, en un mot,
qui doit succéder à l'ancienne, comme
la réalité aux figures, comme la vérité
à l'ombre. Une législation nouvelle
exige & suppose un législateur nouveau. Ces mêmes oracles me montrent
ce législateur dans le *Messie* promis :
c'est lui, me disent-ils, qui doit réunir
ce qui est séparé ; c'est lui qui doit
venger les droits de l'Éternel, & porter sa gloire & son culte jusqu'aux
extrémités de la terre, &c. &c. D'après
ce caractere, il m'est impossible de me
méprendre ; je trouve le *Messie* dans
le Législateur, & je trouve le Législateur dans l'auteur de cette Religion
qui a succédé à l'ancienne, qui l'a per-
fectionnée, & qui s'est établie sur ses
ruines. Je cherche quelle est cette Religion qui a succédé à celle de *Moïse* :
en rapprochant les époques, je vois
que cette Religion ne peut être que la
Religion chrétienne. Je cherche quel
est l'auteur de cette Religion, & je
vois que c'est incontestablement ce

*Jesus* de *Nazareth* que les Juifs ont crucifié. Je dis donc :

1°. La décadence du *judaïsme*, &
l'état florissant du christianisme sont
deux faits non-seulement d'égale certitude, mais deux faits relatifs ; l'un
trouve sa raison & sa cause dans l'autre.
Il est donc entre eux, & entre chacun d'eux en particulier, & l'oracle
qui les a prédits avant le tems, un
égal rapport de vérité ; de sorte que
les faits sont aussi vrais que l'oracle,
& l'oracle aussi vrai que les faits. Ces
deux faits sont donc des faits prédits,
& ils sont tels qu'ils ont été prédits.
L'oracle qui les a prédits est donc
évidemment vrai d'une évidence de
fait, puisque les faits sont exactement
conformes à l'oracle, je dis donc :

2°. Conséquemment à l'oracle, la Religion qui a succédé à celle de *Moïse*,
qui l'a abrogée en partie, & perfec-
tionnée à d'autres égards, cette Religion nouvelle est à l'ancienne comme
la vérité à l'ombre, comme la réalité
aux figures, & par conséquent comme
le parfait à l'imparfait. Ces deux Religions auront donc le même principe,
la même origine ; elles ne différeront
que dans les caracteres, & ces caracteres seront entr'eux comme les Reli

gions font entr'elles. J'ai déjà obfervé que cette Religion nouvelle eft incontefablement la Religion chrétienne : la Religion chrétienne eft donc à la Religion de *Moïfe*, comme le parfait à l'imparfait. Je dis donc :

3°. Ces deux Religions, différentes dans le degré de perfection qui les caractérife, ne fauroient l'être dans le degré de vérité qui les fonde, ni dans la divinité de leur origine. J'en conclus que, fi la Religion de *Moïfe* eft vraie, la Religion chrétienne l'eft auffi ; & que fi celle de *Moïfe* eft divine, celle de *Jefus-Chrift* doit l'être néceffairement. Nous l'avons prouvé, la Religion de *Moïfe* porte fur de vrais oracles, & fur des vrais miracles : elle eft donc vraie, elle eft donc divine. La Religion chrétienne eft donc vraie, la Religion chrétienne eft donc divine. Je dis donc :

4°. Le Légiflateur nouveau eft à la Religion nouvelle, ce que l'ancien eft à l'ancienne, & ils font entr'eux comme les Religions font entr'elles. Donc comme je puis conclure fans crainte de la vérité & de la divinité de la Religion de *Moïfe*, à la vérité & à la divinité de la miffion de ce Légiflateur, je puis conclure auffi de la vérité & de la divinité de la Religion chrétienne, à la vérité & à la divinité de la mission de *Jesus-Christ* ; & je puis conclure encore de la supériorité de la Religion chrétienne sur la judaïque, à la supériorité de *Jesus* sur *Moïse*. Ceux qui m'accuseroient de former ici, ce qu'on appelle, en logique, *un cercle vicieux*, n'auroient pas suivi ma marche, ou ne l'auroient pas saisie. Je dis donc :

5°. La Religion chrétienne est donc la Religion prédite ; l'auteur de la Religion chrétienne est donc le Législateur prédit ; or, selon les oracles, le Législateur prédit est le même que le *Messie* promis : donc l'auteur de la Religion chrétienne est le vrai *Messie* ; ou rien n'est plus faux que les oracles ; l'auteur de la Religion chrétienne n'est donc point un imposteur, les Juifs sont donc coupables de l'avoir méconnu, & ils sont inexcusables, puisqu'ils auroient pu & dû le reconnoître. L'acte d'injustice qu'ils ont commis à son égard, est donc le grand crime qu'ils expient par leur dispersion, leur servitude & leur aveuglement. Je trouve donc dans la mort ignominieuse du Législateur nouveau,

la véritable & feule caufe de l'état
actuel du peuple Juif. Comme je trouve
dans l'établiffement de la Religion
chrétienne la véritable & feule caufe
de l'abrogation de la loi de *Moïfe*,
cette abrogation, & l'état de réproba-
bation & d'aveuglement dans lequel
gémiffent les fectateurs de cette loi,
dépofent donc conftamment en faveur
de celui qu'ils ont crucifié. Je ne puis
me difpenfer de regarder ce crucifié
comme le miniftre, le vengeur, le ré-
parateur des droits de la Divinité,
puifqu'il fait avec la Divinité caufe
commune, & qu'elle le foutient, l'a-
voue, le défend & le venge ; je ne puis
me difpenfer de le regarder comme un
*Dieu*, puifqu'il s'eft donné pour tel,
& qu'il n'étoit point un impofteur. La
Religion qu'il a donnée au monde eft
donc la Religion d'un *Dieu*, elle eft
donc la feule vraie, la feule légitime
exclufivement à toute autre, parce que
la vérité eft une, & que *Dieu* ne peut
fe manifefter que d'une façon. Puiffe
cette Religion fainte trouver plus de
ferviteurs & moins d'ennemis !

LETTRE

# LETTRE

*A l'Auteur du Systéme de la Nature,*
*mort ou vivant.*

---

*Vir bonus & prudens..... fiet Aristarchus ;*
*Nec dicet cur ego amicum offendam in nugis ?*
HOR. de Art. Poet.

---

## MONSIEUR,

EN publiant votre *systéme*, qu'il vous
a plu, ou que vous avez été *nécessité*
d'appeller celui de la *nature*, vous n'a-
vez mis sous nos yeux qu'une *modifi-*
*cation* de la *matiere*, qui n'a pas même
le foible mérite de la nouveauté. La
*nature dans sa marche éternelle a nécessai-*
*rement ramené de nos jours, par un jet*
*sûr, les circonstances nécessaires* à la production d'un Être tel que vous (1) ; (1) *Tom. II.*
& votre *organisation*, à-peu-près com- ch. 5, P. 177.
binée comme celle des *Epicures*, des
*Protagoras*, des *Lucreces*, des *Spinosa*,
&c. &c. &c. a donné, à-peu-près,
la même *combinaison* d'idées. Le même
E

degré de fineſſe, la même flexibilité, le même ébranlement dans les fibres de votre *cerveau*, en un mot, le même *concours des cauſes productrices* (2) vous a rangé dans la claſſe de ces êtres *extraordinaires, merveilleux & rares*, qui exigent, de la part de la *nature*, des *jets* plus compoſés; & pour leſquels, probablement, elle n'a pas toujours aſſez d'énergie. *Soumis, comme eux, à des loix auxquelles rien n'a pu vous ſouſtraire....... Vous avez ſubi, ſans murmurer, les arrêts de cette force univerſelle, qui ne peut revenir ſur ſes pas* (3); & vous avez écrit ſans liberté, ce que vous aviez conçu ſans intelligence. C'eſt la premiere conſéquence que j'ai tirée de vos principes : elle juſtifie vos efforts.

Malheureuſement, Monſieur, ces efforts étoient inutiles; ſi vous aviez pu vous diſpenſer de les faire, vous avez comptable du tems que vous avez perdu en les faiſant. Vous avez écrit, ſans doute avec beaucoup de peine, comme avec beaucoup de confuſion, & très-peu d'ordre, deux gros & puiſſans volumes, que l'on pourroit aiſément réduire à quelques pages, ſi l'on en retranchoit les répétitions &

les déclamations : & pour qui les
avez vous écrits ? pour des êtres,
esclaves, comme vous, des loix de
la *nature*, & de cette *force irréfiftible*
avec laquelle elle fubjugue toutes fes
productions. Comment avez-vous ima-
giné que la plupart de ces êtres étoient
malheureux ? Peut-on l'être en fuivant
aveuglément les loix de la *nature* ? &
des êtres foumis *irréfiftiblement* à ces
loix peuvent - ils s'en écarter ? D'ailleurs, fuffent - ils réellement malheureux, auriez-vous jamais dû vous flatter de les ramener au *bonheur* ? Ceux
qui ont le précieux avantage d'être *or-*
*ganifés* comme vous, ces êtres privi-
légiés, ces êtres *merveilleux & rares*, n'a-
voient fûrement befoin ni de vos leçons, ni de vos préceptes ; la *nature*,
en les *jettant* fur votre moule, a *com-*
*biné*, a *modifié* leur *cerveau* pour la
même façon de penfer : *ils agiffent,*
comme vous, *fans relâche d'après ces*
*loix conftantes & immuables, qui ne va-*
*rient pas plus pour la nature totale, que*
*pour les êtres qu'elle renferme.* (4). Ils
font, comme vous, *irréfiftiblement* forcés de ne s'attacher qu'à *l'expérience,*
& ils ne peuvent découvrir dans *l'ex-*
*périence* que ce que vous y avez décou-

(4) *Tom. I.*
*ch. 4, F. 59.*

vert vous-même. A l'abri, par conséquent de l'erreur & du vice, leur bonheur est inaltérable, c'est dommage qu'il ne soit pas éternel. Pour les autres, Monsieur, c'est-à-dire, pour ces êtres, productions communes de la *nature*, qui n'ont avec vous & vos semblables qu'une *ressemblance générale*, pour ces êtres, organisés tellement quellement, & dont les fibres grossiérement *élaborées* & peu flexibles ne sauroient être ébranlées que par les rudes secousses de *l'erreur* & du *préjugé*, vous n'avez pas sans doute prétendu leur faire goûter votre système ? Vous avez indubitablement senti que leur *organisation* n'étoit pas faite pour les vérités sublimes dont vous vous déclarez l'apôtre ? Si vous aviez le malheur de leur faire entendre raison, vous cesseriez de l'avoir vous-même ; & *l'expérience* nous démontreroit qu'on peut se soustraire aux loix de la nécessité. Mais vous savez trop bien, que *l'homme n'agit jamais que d'après les loix propres à son organisation, & aux* (5) Tom. I, *matieres dont la nature l'a composé* (5).
ch. 1, p. 4. Vous savez trop bien aussi, que *les organes visibles des hommes, ainsi que leurs organes cachés ont bien une analo-*

gie ou des points généraux de conformité ; mais que *les différences sont infinies dans les détails ; que les ames humaines peuvent être comparées à des instrumens dont les cordes déjà diverses par elles-mêmes, ou par les matieres dont elles ont été tissues, sont encore montées sur des tons différens..... que c'est de-là que résulte cette diversité si frappante que nous trouvons entre les esprits, les facultés, les passions, les énergies, les goûts, les imaginations, les idées, les opinions des hommes ; que cette diversité est aussi grande que celle de leurs forces physiques, & dépend comme elle de leurs tempéramens, aussi variés que leurs physionomies ; que, comme il n'est point, & ne peut y avoir dans la nature deux êtres & deux combinaisons qui soient mathématiquement & rigoureusement les mêmes, ..... il n'est pas aussi deux individus de l'espece humaine qui aient les mêmes traits, qui sentent précisément de la même maniere, qui pensent d'une façon conforme, qui voient les choses des mêmes yeux, qui aient les mêmes idées, ni par conséquent le même systême de conduite :* & qu'enfin les hommes different essentiellement (6). Vous avez dû savoir par conséquent, qu'il ne leur est pas plus libre de se

(6) Tom. I,<br>ch. 9, p. 129,<br>130 & suiv.

E 3

*reſſembler* que de *s'organiſer* eux-mêmes ;
& que, vouloir qu'un homme agiſſe
& penſe comme nous, c'eſt vouloir
qu'il ait la même *organiſation* que
nous : vouloir qu'il ait la même *or-*
*ganiſation*, c'eſt vouloir qu'il ait la
même *figure* : & vouloir qu'il ait la
même *organiſation* & la même *figure*,
c'eſt vouloir qu'il ceſſe d'être ce qu'il
eſt eſſentiellement, pour devenir eſſentiellement ce qu'il ne peut pas être ;
ou, qu'il ceſſe de ſuivre les loix de
ſa propre *eſſence*, pour ſe conformer
aux loix d'une *eſſence* étrangere : &
qu'enfin vouloir tout cela, c'eſt vouloir tout-à-la-fois ſa deſtruction & ſon
exiſtence : c'eſt vouloir que *le concours*
*des cauſes productrices* de ſon être ait
été différent qu'il n'a été ; qu'il n'ait
pas par conſéquent, tel *tiſſu*, tel *ar-*
*rangement dans les fibres & dans les*
*nerfs*, & que *les matieres qui mettent ces*
*fibres en jeu, & leur impriment du mou-*
*vement ne ſoient* pas telles *par leur na-*
*ture, par leur qualité & par leur quan-*
*tité ;* c'eſt vouloir qu'il n'ait pas tel
*tempérament*, qu'il n'ait pas *puiſé dans*
*le ſein de ſa mere ces matieres qui influent*
*pour toujours ſur ſes facultés intellec-*
*tuelles, ſur ſon énergie, ſur ſes paſſions,*

*fur fa conduite*, &c , &c. (7), en un mot, c'eſt vouloir qu'il ſoit lui & non pas lui.

Comment une prétention ſi ridicule a-t-elle pu prendre dans un *cerveau* auſſi parfaitement *organiſé* que le vôtre? En vérité, votre *organiſation*, toute parfaite qu'elle eſt, dòit être d'une bizarrerie qui ne reſſemble à rien. Prétendre au renverſement total des *loix* & des ſyſtêmes néceſſaires de tous les individus d'une eſpece ; prétendre réformer leur *eſſence* ; détruire , par un moyen purement moral , des *loix* phyſiques , *conſtantes & immuables qui ne varient pas plus pour la nature totale, que pour les êtres qu'elle renferme;* & faire diſparoître ces *différences infinies dans les détails* , qui *diſtinguent eſſentiellement* un individu de l'autre , pour établir entr'eux cette *reſſemblance* exacte , cette monotonie de *facultés* , de *paſſions* , d'*énergie* , de *goûts* , &c. qui feroit la ruine de la *ſociété* & de la *morale* , dont *la diverſité ſeule qui ſe trouve entre les individus de l'eſpece humaine fait le ſoutien* (8) ! eh ! autant valoit-il , Monſieur , autant valoit-il preſcrire à la *nature* , à *cette force univerſelle qui ne peut revenir ſur ſes pas* , d'anéantir

E 4

(7) *Ibid.*

(8) *Ibid.*

tous les *jets* qu'elle a faits dans notre espece, pour n'en plus faire que fur votre moule, & de bien prendre garde *d'élaborer* dans le même degré de perfection les *molécules de matiere* néceffaires à cet effet. Jufqu'alors, Monfieur, je vous plains, il faut que vous renonciez à toute efpérance de faire triompher la vérité ; ou, que vous abandonniez votre fyftême. Rien n'eft plus trifte réellement que cette alternative. Auffi, convenez de bonne-foi, qu'il y a un peu de votre faute : car, pourquoi débuter par nous dire, que *les hommes fe tromperont toujours quand ils abandonneront l'expérience pour des fyftêmes enfantés par l'imagination* (9). Pourquoi nous inviter, nous folliciter, nous preffer, de fecouer le joug de *l'erreur* & du *préjugé*; pour dire enfuite & pour répéter mille fois que, *tout dans la nature eft néceffaire*, & que, *rien de ce qui s'y trouve ne peut agir autrement qu'il n'agit* (10) ? N'avez-vous pas fenti que c'étoit-là renverfer d'une main, ce que vous établiffiez de l'autre ? N'avez-vous pas fenti que c'étoit nous dire :

Ces *fyftêmes enfantés par l'imagination* font dans la *nature*; ce font des *réful-*

(9) Tom. I. ch. 1, p. 1.

(10) Tom. I. ch. 4, p. 57.

*tats* de quelques-unes de *ces combinai-*
*fons qu'elle fait pendant une éternité* (11).
C'eſt elle qui par des *jets* particuliers,
mais *ſûrs*, a *organiſé* les *cerveaux* qui les
ont conçus, & qui les a *organiſés* pour
les concevoir. Ces *cauſes*, ainſi combinées, *ont eu immanquablement leurs*
*effets* (12); & *ces effets ſont très-naturels,*
*ce ſont des ſuites néceſſaires du mécha-*
*niſme propre de ces cauſes, ou de ces*
*cerveaux, & des impulſions qu'ils ont*
*reçues des êtres dont ils étoient entourés.*
*Tous ces ſyſtêmes que l'eſprit humain a*
*ſucceſſivement inventés pour changer ou*
*perfectionner ſa façon d'être, & pour la*
*rendre plus heureuſe, ne furent jamais*
*que des conſéquences néceſſaires de l'eſ-*
*ſence propre de l'homme, & de celle des*
*êtres qui agiſſent ſur lui.….. Tout ce*
*que les auteurs de ces ſyſtêmes ont*
*fait ou penſé, tout ce qu'ils ont été &*
*ce qu'ils ſont, ne fut jamais qu'une ſuite*
*de ce que la nature univerſelle les a fait.…*
*Toutes leurs idées, leurs volontés, leurs*
*actions étoient des effets néceſſaires de*
*l'eſſence & des qualités que cette nature*
*avoit miſes en eux, & des circonſtances*
*par leſquelles elle les a obligés de páſſer*
*& d'être modifiés, &c.* (13). Je ſuis idolâtre de cette *nature*, je l'admire dans

(11) *T. II.*
ch. 5, p. 177.

(12) *Ibid.*

(13) *Tom. I.*
ch. 1, p. 2.

*sa marche éternelle*, je l'étudié sans cesse, je médite ses *loix*, je contemple avec enthousiasme son *énergie & la façon immuable dont elle agit :* tout ce qu'elle fait est bien, parce que *tout ce qu'elle fait est néceffaire ;* elle ne fait rien *par des combinaisons fortuites, & par des jets hafardés* (14) ; *il ne peut y avoir ni défordre, ni mal réel fous fon empire, parce que tout fuit les loix de fa propre exiftence* ( 15 ) : *dependant ces fyftêmes enfantés par l'imagination, effets naturels & néceffaires des caufes que la* nature *a produit elle-même, & qu'elle a forcé d'agir fuivant des loix fixes, certaines & dépendantes de leurs propriétés effentielles* (16) ; ces fyftêmes, dis-je, font une pépiniere d'erreurs ; ils ont porté le défordre & le trouble dans l'univers ; ils ont enfanté l'ignorance & les malheurs. Ceux qui les ont imaginés ont ignoré la *nature*, ils ont méconnu fes *loix*, ils fe font frayé d'autres routes pour arriver au bonheur, & ils ont précipité ceux qu'ils ont féduits dans un abyme d'infortune en s'y précipitant eux-mêmes ; ils fe font roidis contre cette *force irréfiftible* qui les entraînoit vers la félicité ; ils ont triomphé de cette douce *fatalité,* qui eût fixé pour toujours leur

(14) T. II. p. 177.

(15) Tom. I. ch. j , p. 70.

(16) Ibid.

*bien-être;* & tous les maux en foule ont suivi cet acte de révolte aussi *nécessaire* en lui-même que dans ses effets. Abandonnez donc ces systêmes malheureux; *élevez-vous au-dessus du nuage du préjugé; sortez de l'atmosphere épaisse qui vous entoure.... défiez-vous d'une imagination déréglée; prenez l'expérience pour guide; consultez la nature,* &c. (17). Vous ne le pouvez pas, pauvres petites machines mal ordonnées, *les loix de votre organisation & celles de votre essence* s'y opposent; vous êtes enchaînées par les liens de la nécessité; *vous n'êtes pas plus libres de penser que d'agir* (18). N'importe, je vous y exhorte, je vous en presse; la nature m'a *nécessairement organisé,* pour être *nécessairement* l'apôtre du bonheur & de la vérité, comme elle vous a *organisé,* pour être *nécessairement* les victimes de l'infortune & de l'erreur. C'est-là ce que vous avez voulu nous dire, Monsieur, ou du moins ce que vous nous avez dit sommairement dans votre ouvrage. Ce discours, tout pathétique qu'il est, n'est pas trop *philosophique:* il nous annonce le fond que nous devons faire sur vos *expériences.* N'auriez-vous pas pu nous dire quelque chose de plus raisonnable ? n'auriez-

(17) *Tom. I.* ch. 1, p. 10,

(18) *Tom. I.* ch. 10, p. 101.

vous pas pu vous concilier un peu mieux ! euſſiez-vous dû *abuſer* tant ſoit peu à votre tour de la diſtinction qu'on a, fort ſottement, faite *de l'homme phyſique & de l'homme moral ?* n'auriez-vous pas pu…. mais pardon, Monſieur, j'oublie que vous n'êtes pas libre. Ce n'eſt pas vous qui avez tort, c'eſt votre *organiſation*, ou plutôt, c'eſt la *nature* (19) *Tom. I.* *dont elle eſt l'ouvrage* (19) qui eſt une *ch. 1, p. 2.* inconſéquente.

Vous faites à notre égard comme un charlatan qui ſe vanteroit de guérir de tous maux, & qui preſcriroit à tous ſes malades un régime commun, mais phyſiquement impoſſible, ou qui leur offriroit indiſtinctement un remede compoſé de tout ce qu'il y a de plus malfaiſant & de plus venimeux dans la nature. On feroit, je crois, très-légitimement diſpenſé de témoigner ſa reconnoiſſance à cet officieux *Hypocrate.* La comparaiſon ne vous paroîtra pas peut-être aſſez flatteuſe, mais elle eſt *néceſſairement* juſte. Car conſidérez que vous aigriſſez nos deſirs, & que vous nous montrez l'impoſſibilité de les ſatisfaire ; que vous nous prouvez fort éloquemment que nous ſommes malheureux, mais que vous démontrez encore mieux que nos malheurs font *nécessaires*; que vous nous faites une peinture du bonheur qui ravira même jusqu'à ces honnêtes valets de chambre qu'on rencontre par fois sur les grands chemins, mais que vous nous faites fort clairement entendre que ce bonheur n'est pas fait pour nous; que vous nous offrez les moyens de nous les procurer, mais que vous nous avertissez charitablement que ces moyens sont impraticables. Voilà pour le régime; il ne seroit plus question que de la comparaison du remede. Hélas, Monsieur, entre nous, vous savez bien que celui que vous nous proposez n'est pas ce qu'il y a de plus salutaire dans la morale & pour la morale, ni ce qu'il y a de plus avantageux pour la société. Vous l'aviez composé sans doute dans un moment où tout le genre-humain avoit des torts avec vous, & vous l'avez publié pour vous en venger. La vengeance est un peu forte ... Passe encore que votre remede fût mauvais, s'il étoit du moins possible qu'on en fît usage! mais pour cela il faudroit penser comme vous, il faudroit avoir fait les mêmes *expériences* que vous, il faudroit être *organisé* comme vous, &c.

&c. & il n'eſt pas & ne peut y avoir deux
jets, deux *combinaiſons dans la nature qui
ſoient mathématiquement & rigoureuſement
les mêmes.* Si la façon de penſer dépend
rigoureuſement de la conformation des
*organes tant viſibles que cachés*, vous êtes
rigoureuſement dans le cas de notre
charlatan. Si, au contraire, cette pro-
poſition n'eſt qu'une *erreur de phyſique*,
on peut dire, à votre louange, que
connoiſſant tout le venin du remede
que vous vouliez oppoſer au torrent
*des erreurs phyſiques*, vous avez, par
remords de conſcience, donné *l'anti-
dote avec le poiſon* : c'eſt ainſi que les
animaux les plus venimeux..... Mais
mille excuſes, Monſieur, mille excuſes,
j'allois entamer encore une comparaiſon ; j'oubliois qu'on ne peut en
faire que d'odieuſes ſur votre compte.
Quoique, tout bien peſé, ma déli-
cateſſe eſt un peu déplacée ; je ne vous
crois pas capable de vous formaliſer
de ſi peu de choſe : les *molécules* de
*matiere* dont votre cerveau eſt compoſé, ſont ſûrement *élaborées* de façon
que rien ne peut en troubler l'heureuſe
harmonie. Vous devez être auſſi indifférent ſur ce qui ſe dit, que vous
auriez dû l'être ſur ce qui ſe fait, en

confidérant que tout eft *néceffaire* & que chaque individu de l'efpece humaine eft forcé de fuivre dans fes actions, comme dans fes difcours, *les loix de fa nature* particuliere, qui font celles de fon *organifation*. Pour moi, à la faveur de ce grand principe, je vous pardonne de m'avoir mis au rang de ces animaux qui ne voient goutte en plein midi : c'étoit une néceffité de votre part. Je vous accorde en outre le privilege d'y voir plus clair que moi : mais vous devez me pardonner à votre tour de vous mettre au niveau de ces êtres rampans, qui ne femblent exifter que pour nuire. Comme aveugle *néceffaire*, je vous crois *néceffairement* méchant ; comme *néceffairement* méchant, vous me croyez *néceffairement* aveugle ; nous n'avons tort ni l'un ni l'autre, c'eft la faute de la *nature* qui nous a *organifés*. Si nous étions libres, je vous inviterois à déplorer notre fort, & à convenir que s'il n'eft pas fur notre globe des êtres plus parfaits, la *nature* eft plus aveugle ou plus méchante que nous, ou qu'elle n'a pas un *jet*, une combinaifon qui vaille.

Hélas ! vous l'avouerai-je ? En partant de vos principes, je l'accufe cette pauvre *nature*, fans trop favoir ce que vous entendez fous ce terme. Vous l'avez fi bien approfondie cette *nature induftrieufe & puiffante*, vous avez fi favamment difcuté fon *énergie & fes loix*, que vous avez dû néceffairement vous rendre inintelligible à des êtres qui ne font nullement organifés pour entendre le langage éloquent de *l'ex-périence*, & d'une *phyfique* qu'on avoit abandonné depuis tant de fiecles, parce qu'il étoit très - peu de *cerveaux* qui, comme le vôtre, fuffent en état de la comprendre. La *nature*, dites - vous, eft le *grand tout qui réfulte de l'affem-blage des différentes matieres, de leurs différentes combinaifons, & des différens mouvemens que nous voyons dans l'uni-vers* (20). Eh! oui, Monfieur, je le favois, & je crois que tout le monde le fait auffi; il n'y auroit que quelques petits mots à ajouter à votre définition, & nous ferions d'accord, du moins fur cet article.

Mais *ce grand tout*, qui eft la caufe *des différens fyftêmes des êtres, ou, fi l'on veut, de leurs natures particulieres,* (*puifqu'ils ne font que ce que la nature univerfelle les a faits*) (21), en même tems qu'il en eft le réfultat. *Ce grand*

(20) *Tom.I. ch. 1, p. 11.*

(21) *Tom.I. ch. 1, p. 3.*

*tout* dépendant dans son exiftence, de l'exiftence des êtres particuliers qui le compofent; tandis qu'il n'eft point d'être particulier qui, dans fon exif-tence, ne dépende du *grand tout dont il fait partie* (22). *Ce grand tout*, qui eft *un être abftrait que vous ne prétendez point perfonnifier* (23) ; qui n'a par con-féquent qu'une exiftence idéale, & qui cependant eft très-*actif*, très-*puif-fant*, *très-induftrieux, qui peut tout* (24), *dont tous les ouvrages fe font d'après des loix certaines; uniformes & invariables* (25), *& dont les combinaifons & les JETS peuvent aifément produire tous les êtres* (26). *Ce grand tout*, qui n'a d'autres loix que celles des *effences des êtres*, & qui varie *pendant une éternité fes combinaifons & fes jets, fuivant des loix invariables qui lui font propres* & qui fondent elles-mêmes l'effence des êtres. *Ce grand tout* que tout homme doit confulter, & confulter feul pour ne pas être trompé *par des fyftêmes enfantés par l'imagination. Ce grand tout* qui fe prête comme de lui-même aux recherches de celui qui le confulte, qui va, pour ainfi dire, au-devant de *l'expérience*, qui fe livre tout entier à l'homme raifonnable & fenfé qui en fait l'objet

(22) *Tom. I.* ch. 1, p. 11.

(23) *Tom. I.* ch. 1, p. 12.

(24) *T. II.* ch. 5, p. 170.

(25) *Ibid. p.* 176.

(26) *Ibid. p.* 177.

de ſes méditations , & dont, cependant, *les effets les plus ſimples & les*
*plus ordinaires échappent aux recherches*
*de l'eſprit le plus exercé, & demeurent*
*inexplicables pour lui* (27), au point
qu'il eſt forcé d'avouer que *ce grand*
*tout a des reſſources que nous ne con-*
*noiſſons pas* (28), & que dans tous les
corps qu'il a combinés, *les mouvemens*
*les plus ſimples, les phénomenes les plus*
*ordinaires, les façons d'agir les plus com-*
*munes ſont des myſteres inexplicables,*
*dont jamais nous ne connoîtrons les pre-*
*miers principes* (29). *Ce grand tout*,
en un mot, qui, dans votre ſyſtême,
nous préſente des contraſtes ſi ſingu-
liers & ſi merveilleux, que *ce grand*
*tout*, Monſieur, eſt un bien grand
myſtere ! Et que vous êtes heureux
que *ce grand tout* lui même vous ait
aſſez myſtérieuſement organiſé pour
vous rendre capable de le pénétrer !
C'eſt un privilege dont vous devriez
être fier, ſi *l'action* du *grand tout* ſur
vous étoit un acte de prédilection ;
mais la combinaiſon du *mouvement*
qui vous a donné l'être, étoit l'effet
néceſſaire des *loix néceſſaires* d'une *cauſe*
*néceſſaire*, ſoumiſe elle-même dans ſes
opérations *à ces loix néceſſaires* qu'elle

(27) *Tom. I.*
*ch. 4, p. 46.*

(28) *Ibid. p.*
*48.*

(29) *Tom. I.*
*ch. 8, p. 128.*

n'a pas posées, & qui ne font que le *réfultat de fon effence.* Cependant, Monfieur, je me garderai bien de vous regarder vous & votre bonheur comme des effets du *hafard*, je dirai, au contraire, après vous, que le *hafard n'eft rien*, & que la néceffité fait tout. Mais convenez que cette néceffité me rend bien malheureux. Les molécules de mon *cerveau*, groffiérement *élaborées*, me mettent hors d'état de confulter le *grand tout.* Je ne puis conféquemment abandonner des *fyftêmes enfantés par l'imagination*, pour me livrer à *l'ex-périence*; & je me vois forcé de croupir dans les erreurs où m'ont plongé l'éducation, l'exemple & le préjugé. J'ignore la *nature & fes loix*, & vous m'apprenez qu'elle eft trop myftérieufe pour que je fois tenté de l'étudier. Si *l'efprit le plus exercé trouve fes effets les plus fimples inexplicables*, que pourrois-je me permettre de mes efforts ? Le parti le plus fûr & en même tems le plus court, c'eft de *fubir, fans murmurer, les arrêts de cette force univerfelle, qui ne peut revenir fur fes pas.*

Cependant, fi vous m'atterrez d'un côté fous les loix de la néceffité, fi vous énervez, en quelque forte, toutes mes facultés intellectuelles, en brisant le seul ressort qui peut leur donner de l'activité, l'espérance ; si vous me déclarez irrévocablement malheureux, vous m'offrez de l'autre ( & je vous en fais un gré infini ), vous m'offrez plus d'un motif de consolation. C'est 1°. que mes erreurs finissant avec moi, & moi avec mes erreurs, je n'ai rien du tout à craindre pour l'avenir ; c'est quelque chose, Monsieur, c'est quelque chose que d'être délivré de cette crainte ; c'en est du moins assez pour moi pour me faire braver en philosophe, pour me faire mépriser même, un malheur qui doit durer si peu. 2°. C'est que mes erreurs, quelles qu'elles soient, ne m'empêcheront pas *de remplir la tâche que la nature m'impose, & de décrire le cercle des changemens qu'elle trace aux êtres de mon espece* (30). Qui sait même si ces erreurs n'entrent pas dans la *tâche* que la *nature m'a imposée ?* 3°. que je serai peut-être plus heureux lorsqu'il prendra fantaisie au *Grand-Tout* de me *jetter sous une infinité de formes différentes ;* du moins puis-je espérer que, délivré de mon *organisation* actuelle, je ne serai plus exposé à donner dans des erreurs ; 4°. que si je suis malheureux dans le

(30) *Tom. I. ch. I, p. 4.*

*cercle* que je décris à présent, j'ai tant de compagnons d'infortune, que j'aurois, en vérité, le plus grand tort du monde de me plaindre. Il n'eft que *l'expérience & la réflexion qui nous apprennent ce qui peut véritablement nous conduire au bonheur;* (31) *& il eft peu d'hommes en état de faire des expériences vraies* (32). Il faut pour cela de la raifon, *qui n'eft* autre chofe que *notre nature modifiée par l'expérience* (33); *& quoiqu'on nous répete tous les jours que l'homme eft un* être raifonnable, *il n'y a qu'un très-petit nombre d'individus de l'efpece humaine qui jouiffent réellement de la raifon, ou qui aient les difpofitions & l'expérience qui la conftituent* (34). Que de malheureux, Monfieur, que de malheureux! Il femble que vous ayez adopté le *parvus numerus electorum* de l'évangile. Pour moi, d'après ce calcul, je dis avec un ancien., *miferi, miferorum infortuniâ, folantur.*

Au furplus, le principe que vous établiffez ici, ( fi je l'ai bien compris ) m'autorife à douter que je fois réellement dans l'erreur. Comment puis-je favoir en effet fi, avant que vous fiffiez vos *expériences*, vous aviez déjà affez *d'expériences* pour qu'on pût dire de

(31) *Tom. I.*
*ch. 9, p. 142.*

(32) *Ibid. p. 143.*

(33) *Ibid. p. 142.*

(34) *Ibid.*

vous que vous étiez *un être raisonnable ?*
Aviez-vous affez de *raifon* pour cón-
noître & pour découvrir dans vous *les*
*difpofitions & l'expérience qui conftituent*
*la raifon ?* Il faut tant de chofes, felon
vous, pour faire *des expériences vraies*,
& il en faut fi peu pour donner dans
cette *illufion* ou dans cette *ivreffe qui*
*nous empêche de faifir le vrai rapport des*
*chofes* (35). Avez-vous bien pu vous
affurer avant *l'expérience*, fans *expé-*
*rience* par conféquent, que *vos organes*
tant *intérieurs qu'extérieurs*, *n'étoient*
*viciés*, *ni par leur conformation natu-*
*relle*, *ni par les caufes qui les modifioient ?*
*Votre cerveau n'étoit-il point rempli de*
*fyftêmes vicieux qui influoient néceffaire-*
*ment fur toute votre conduite*, *& trou-*
*bloient continuellement votre raifon ?* J'aurois bien d'autres queftions à vous
faire, Monfieur, & fur vous-même,
& fur les êtres avec lefquels vous
n'avez que *des points généraux de con-*
*formité*, & fur les comparaifons que
vous avez dû néceffairement faire pour
vous convaincre de la vérité de vos
expériences. Mais vous n'y fatisferiez
peut-être pas ; & quand même vous y
répondriez avec ce ton décifif qui vous
eft fi familier, ne ferois-je pas en droit

(35) *Ibid.*

de suspecter les décisions d'un juge qui prononce sur sa propre cause, sur-tout lorsque ces décisions ne tendent à rien moins qu'à dépouiller la généralité des hommes du titre *d'êtres raisonnables*, & à les déclarer tous, à un petit nombre près, dignes des petites maisons. -Pour nous faire avaler cette pilule, il falloit, Monsieur, comme on dit, il falloit un peu mieux la dorer ; ou si vous vouliez nous dire crûment *qu'il est très-peu d'hommes qui jouiffent réellement de la raison*, il eût été nécessaire de nous prouver par *a*, plus *b* divisé par *d* ; que pour *jouir de la raison*, pour faire des *expériences vraies*, pour n'être pas fort sage, il falloit que le *cerveau* eût telles ou telles dimensions, ses fibres telle ou telle délicatesse, tel ou tel ébranlement, tel ou tel mouve-ment; & les caufes extérieures qui le modifient, soit constamment, soit passa-gérement, telle ou telle co-ordination, telle ou telle action, telle ou telle puif-fance, &c. il eût été nécessaire de nous prouver par la même méthode, & détailler, avec la même précision, la conformation requise des organes extérieurs ; en un mot, tout ce qui peut constituer la fagesse & la folie.

Ce n'eſt pas tout encore, Monſieur; il eût en outre fallu nous aſſurer qu'ayant anatomiſé tous les cerveaux exiſtans & tous les organes qui leur répondent, ayant paſſé en revue toutes les cauſes qui agiſſent ſur eux, ayant ſuivi toutes leurs modifications paſſageres, vous n'avez rien trouvé, compte fait, que votre *cerveau*, & quelques autres, en très-petit nombre, qui fuſſent dignes de ſervir de ſanctuaire à la ſageſſe & à la raiſon. Que ſais-je même ſi, pour donner plus de force à *vos expériences*, vous n'auriez pas dû porter le *ſcalpel* ſur tous les *cerveaux* qui ont exiſté depuis la *révolution*, qui a fait éclorre ſur notre *planete* l'eſpece humaine, parce qu'en bonne logique, ſi les *cerveaux* qui nous ont précédés n'étoient pas entiérement dépourvus de raiſon, en adoptant leur façon de penſer, leurs ſyſtêmes, nous ne ſaurions être taxés de folie? Cette derniere opération me paroît encore plus difficile que la premiere; elle étoit cependant néceſſaire; car, comme vous l'avez très-bien obſervé, *les hommes different eſſentiellement entre eux*; on ne ſauroit conclure ici *à diſtributivo ad collectivum*, & moins encore *à collectivo ad diſtributivum*. Chaque

Chaque individu forme un *syftême* à part, qui n'a avec les autres que des *points généraux de reffemblance & de con-formité*. Vous êtes donc bien éloigné d'avoir porté vos *expériences* auffi loin que l'exigeoit l'importance de la matiere. Vous n'auriez fûrement fait grace à perfonne ; vous vous feriez arrogé le privilege exclufif de parler & de penfer fenféement. Me feroit-il permis à préfent, Monfieur, de répéter après vous, que *toutes les erreurs des hommes font des erreurs de phyfique* (36) ?

Je fens bien, Monfieur, que dans votre fyftême cette belle maxime n'eft tout au plus qu'une fuppofition gratuite ; car, outre que nous fommes en droit de fufpecter vos expériences, des êtres, peut-on vous dire, des êtres qui, dans le *moral* comme dans le *phyfique, fuivent en tout les loix de leur effence & de leur exiftence*, ne fauroient tomber dans des erreurs de phyfique fans s'écarter de ces *loix* ; à moins que ces *loix* ne fuffent elles-mêmes des *erreurs*, ou des caufes néceffaires *d'erreurs* : ce feroit alors fur le compte de la nature qu'il faudroit les mettre ; & dans ce cas, ce feroit fort mal fait à vous de nous avoir dit *qu'il ne peut y avoir ni dé-*

(36) Tom. I. ch. 1, p. 5.

sordre, *ni mal réel dans ce grand tout.*
Car enfin une *erreur* est un *mal*, & un
*mal* est un *désordre.* Vous voyez donc
que les êtres organisés pour penser ne
sauroient errer *physiquement*, sans s'é-
carter des loix de leur *organisation phy-*
*sique* ; & vous nous assurez positive-
ment qu'ils sont *forcément & nécessaire-*
*ment déterminés* à les suivre, & que
*rien de ce qui agit ne peut agir autre-*
*ment qu'il n'agit.*

Si ce sont-là des vérités que vous
ayez puisées dans le sein de la *nature,*
la *nature* a grand tort, Monsieur ; elle
est semblable à ces mauvaises meres,
qui, par une injuste préférence, ont
toujours quelques *bombons* en réserve
pour leurs enfans gâtés, tandis qu'elles
maltraitent les autres. Elles en sont
punies quelquefois ; des bontés aveuglément départies n'engendrent souvent
que de l'ingratitude. Mais..... non je
me trompe, vous ne méritez sûrement
pas, & vous ne pourrez jamais méri-
ter un pareil reproche ; vous êtes dispensé de la reconnoissance. Ce que la
*nature* a fait pour vous, elle ne l'a
pas fait exprès ; c'est une certaine
*combinaison* de *jets*, de *mouvement,*
*d'action*, c'est un certain *concours de*

*caufes* imprévu , quoique *néceffaire* , qui vous a mis en poffeffion de fes tréfors cachés : vous pouvez en abu- fer fans crime. D'ailleurs votre *nature* particuliere n'eft pas plus *libre* que la *nature totale ;* & il n'eft pas, que je fache , d'excufe plus légitime que la néceffité.

Quel galimathias ! dites-vous peut- être , fi vous n'êtes pas encore *dépouillé* de votre *forme* propagatoire. Quel ga- limathias ! hélas ! Monfieur ; que peut-on faire de mieux , lorfqu'on fe mêle de raifonner d'après vos principes ? Je fuis la marche que vous m'avez tra- cée. Je vous regarde comme une *ma-chine* dont la *nature* a monté les reflorts , ou comme un *inftrument* qui rend des fons proportionnels à la *matiere ,* au *tiffu ,* & à la *tenfion* de fes *cordes ;* & je vous parle comme fi vous étiez quelque chofe de plus noble & de plus excellent , comme fi vous étiez libre.

C'eft ainfi que , précepteur machine de cette foule de *jets* de la *nature* que nous appellons la *race humaine ;* c'eft ainfi que vous en avez agi avec eux : vous les blâmez, vous les tancez, vous les inculpez, vous les morigenez comme s'il étoit en leur pouvoir de faire mieux, comme s'il leur étoit libre d'ajouter quelque chose à ce que la *nature universelle les a faits*, de corriger les méprises de cet *agent nécessaire*, & *d'agir autrement qu'ils n'y sont déterminés par les loix de leur essence*. Tandis que vous les peignez comme des *automates qui n'ont d'autre mérite que celui d'avoir été fabriqués immédiatement par la nature*, & d'être un peu plus compliqués peut-être dans leur *méchanisme*; tandis que vous leur annoncez, en termes formels, *qu'ils ne font dans chaque instant de leur durée que des instrumens passifs entre les mains de la nécessité* (37), & que vous croyez faire ensuite beaucoup pour eux, que de les comparer à une *harpe*, qui, *sensible par sa nature, rendroit des sons en se pinçant elle-même, & seroit rendue sensible par tout ce qui la toucheroit* (38). Comme cette *harpe* singuliere auroit sans doute grand tort de se demander *qu'est-ce qui lui fait rendre des sons?* J'aurois grand tort moi-même de vous demander si c'est dans *l'expérience* que vous avez trouvé le terme de cette savante comparaison; ou si, du moins, vous avez découvert dans *les loix du mouvement & de la nature* la possibilité d'un *jet* qui

(37) Tom. I. ch. 6, p. 81.

(38) Tom. I. ch. 7, p. 103.

nous ménageroit l'agréable spectacle d'une *harpe sensible*, & qui auroit la faculté de *se pincer elle-même ?*

Pourquoi non, me direz-vous ? *Tout est également facile à la nature, & tout lui est possible quand elle rassemble les instrumens, ou causes nécessaires pour agir. Ne limitons jamais ses forces...... sa marche éternelle doit nécessairement amener & ramener de nouveau les circonstances les plus étonnantes...... des jets infinis pendant l'éternité avec des élémens & des combinaisons infiniment variés suffisent pour produire tout ce que nous connoissons, & beaucoup d'autres choses que nous ne connoîtrons jamais* (39). Ah ! Monsieur le pédagogue des *harpes qui se pincent elles-mêmes*, vous en êtes une bien digne, sans doute, de notre admiration : mais, soit dit sans vous *pincer très-fort*, vous rendez des *sons* bien discordans ! Vos *cordes* ne sont du tout point à l'unisson, & votre musique nous écorche furieusement les oreilles ! *Mens sana in corpore sano. Voilà*, avez-vous dit, *ce qui peut constituer un bon citoyen* (40). Voilà, pourroit-on vous dire, voilà ce qui fait l'homme raisonnable.

Vous avez fait mine de vous ré-

(39) *T. II ch. 5, p. 17, & 178.*

(40) *Tom. I, ch. 7, p. 107.*

concilier tant foit peu avec le bon fens dans votre chapitre *de la liberté de l'homme*, où après avoir établi ce principe fi lumineux, que, *pour être libre il faudroit que l'homme fût, tout feul, plus fort que la nature entiere, ou qu'il fût hors de cette nature*, &c. ( 41 ) vous faites de pénibles efforts pour répondre à quelques difficultés que vous ne pouviez pas vous difpenfer de vous faire, & qui ne font, cependant, que les plus triviales. Je ne fuis fâché que d'une chofe, c'eft que d'*athée* vous foyez devenu tout-à-coup *janfenifte* : *votre cerveau* étoit-il donc *paffagérement modifié*, dans ces triftes momens, comme celui de *Janfénius* & de *Quénel* ? Il eft vrai qu'il ne falloit rien moins que le fyftême de la *délectation victorieufe* pour vous tirer du mauvais pas dans lequel vous vous étiez inconfidérément, ou, fi vous l'aimez mieux, *fatalement* engagé : au refte ce n'eft là qu'une diffonance de plus, que vous avez honnêtement renforcée dans votre chapitre du *fatalifme*.

J'ai bien voulu parier avec un de vos zélés partifans, qui n'a pas le bonheur de vous comprendre, que vous n'aviez pas pris garde, qu'en rappro-

(41) *Tom.I. ch.* II, *p.* 203.

chant la doctrine que vous aviez adoptée dans le chapitre *de la liberté de l'homme*, de celle que vous enseignez dans celui du *fatalisme* & dans tout le reste de votre ouvrage, vous vous donniez un démenti formel. *Si vous n'êtes pas encore reproduit sous une infinité de formes nouvelles*, vous me feriez un singulier plaisir de décider la question. Je serois cependant bien sot si vous alliez me dire que j'ai perdu la gageure : j'aurois, en vérité, bien de la peine à vous en croire ; j'ai si bonne opinion de vous, que je n'imagine pas que vous soyez capable de ménager si peu votre réputation : quoique tout bien examiné ce ne seroit pas votre faute, ce seroit celle de votre *organisature* : n'importe, j'aime mieux croire, pour votre honneur, que votre *organisature* s'est méprise, & que cette méprise n'est que le *résultat* d'une de ces *modifications passageres*, causée par les impulsions des êtres dont vous étiez pour lors entouré : par là je conçois mieux comment vous avez été nécessité de tirer de la poussiere le vieux & très-vieux système de *Métempsicose*, ou de la *transmigration des ames*, & de découdre, de rhabiller, de rapiécer, de colorier celui du juif *Spi-*

*nosa;* & je conçois mieux aussi ce qui vous a décidé à vous mettre l'esprit à la torture pour instruire, pour redresser de simples modifications, des formes accidentelles de cette *substance unique,* dont vous n'êtes vous-mêmes qu'une petite *excroissance* contournée comme il a plu à la nécessité : mais je trouve, en conséquence, que votre éditeur nous en impose bien grossiérement en nous donnant votre ouvrage, *comme le plus hardi, le plus extraordinaire que l'esprit humain ait osé produire jusqu'à présent.** Il est clair, au contraire, que dans ce *jet,* & dans cette *combinaison* la *nature n'a fait que ramener* des *circonstances* très-anciennes.

* Avis de l'Editeur.

Il est très-malheureux pour vous, Monsieur, que ces êtres *modaux,* que vous aviez entrepris d'éclairer, sachent lire, réfléchir & comparer ; votre gloire y perd, vous passeriez pour un génie créateur, & on vous accorde à peine le titre de copiste. Ce n'est pas dans l'*expérience,* c'est dans les écrits des *Penseurs,* qui vous ont précédé, que vous avez puisé votre systême. On pourroit le comparer à un ouvrage de marqueterie dont les pieces, quoique bien jointes, n'ont cependant aucun rapport entre elles,

& n'annoncent qu'un deſſin incorrect, mal conçu & plus mal encore exécuté : le vernis dont il eſt enduit eſt aſſez brillant, à la vérité ; il éblouit au premier coup d'œil ; mais la couche n'en eſt pas aſſez forte pour cacher l'ignorance & la mal-adreſſe de l'artiſte.

Cette digreſſion eſt un peu longue, Monſieur, je vous demande pardon pour elle ; ç'a été une *modification paſſagere* de mon *cerveau* qui trouve ſa *raiſon ſuffiſante* dans les *impulſions* qu'il a reçues de votre ouvrage : lorſque je l'ai entamée cette digreſſion néceſſaire, j'étois ſur le point de vous faire une queſtion, très-néceſſaire auſſi ; mais il y a eu *conflit* entre les *motifs*, & celui qui militoit pour la digreſſion l'a emporté comme le plus fort. Puiſque rien ne balance maintenant ma *détermination*, je vais vous faire, *néceſſairement*, cette queſtion *néceſſaire*.

En ſuppoſant, d'un côté, que *toutes les erreurs des hommes ſont des erreurs de phyſique*, & de l'autre, *que les hommes ne peuvent penſer & agir que conformément aux loix de leur eſſence particuliere*, quelle ſera la cauſe de leurs erreurs ? Quels ſeront les moyens de les diſcerner ? Et cette cauſe & ces moyens une fois connus, quelle différence mettrez-vous entre l'erreur & la vérité ? *Zéro*, Monsieur, *zéro*, si vous êtes conséquent. Et entre le vice & la vertu ? *zéro*, encore, *zéro*. Vous en rougirez peut-être : mais ne vous alarmez pas, cette honte n'est que le dernier effort du préjugé ; comme vos exhortations à la *vertu* ne font, & ne peuvent être, dans vos principes, que des facrifices que vous faites au respect humain : vous n'avez pas, tout-à-fait, osé raisonner juste. L'intérêt personnel a un peu ralenti votre zèle ; vos mains charitables ont soulevé une partie du voile qui nous déroboit la vérité, mais elles ont tremblé de le déchirer tout entier : vous avez craint de nous causer une trop vive furprise. Vous avez mieux aimé, par une feinte ingénieufe, nous laisser le foin de vous deviner, & de dévoiler entiérement le myftere. Je ne fais pas, si, après l'avoir bien approfondi, nous ne ferons pas en droit de nous écrier, de toutes nos forces, c'est un myftere d'iniquité.

Quoique fans expérience, je pourrois, Monsieur, vous faire à cet égard un raisonnement *très-philofophique*, où toutes les regles de la *logique* seroient rigoureusement observées : mais je le réserve pour une autre occasion, pourvu toutefois que mon commerce ait le bonheur de vous plaire.

On vous a réfuté ; on a très - bien fait sans doute, vous donniez trop de prise contre vous pour qu'on redoutât de vous entamer : mais on vous a réfuté sérieusement ; & c'est, en vérité, ce qui m'a surpris. Si les loix de mon *organisation particuliere* me déterminent à vous réfuter à mon tour, je suivrai, je vous jure, toute une autre marche. Il ne faut, je pense, que plaisanter avec un homme qui se moque de nous. On vous a cru dangereux : si ce n'est pas là une méprise du zèle, je dis que le genre-humain est parvenu au comble de l'ignorance & de la malice. Je n'ai pas si mauvaise opinion des hommes : j'aime mieux croire qu'on vous a fait trop d'honneur , & que vos principes ne feront que glisser sur un esprit juste. & sur un cœur droit.

Si vous êtes dangereux , vous ne l'êtes donc, Monsieur, que pour ces hommes qui ne le font déjà que trop par eux-mêmes, ou , portés à le devenir. Pour ces hommes, qui, *ne trou-vant aucun avantage à pratiquer la vertu..... doivent nécessairement aimer le vice qui les rend heureux...... qu'il seroit inutile, par conséquent, peut-être même injuste, de demander qu'ils fussent vertueux, s'ils ne peuvent l'être sans se rendre malheu-reux* (42) ; pour ces hommes, qui n'é-tant retenus que par le frein de la crainte, se trouveront fort à leur aise, en apprenant de vous que la *Divinité*, n'est qu'une *chimere théologique* ; qu'il n'est pour eux, dans l'ave-nir, ni peines, ni récompenses ; que tout se borne pour eux au présent, & à un bonheur purement physique qu'ils se croiront en droit de se procurer par toute sorte de moyens, pendant le court intervalle qu'ils peuvent en jouir ; que ces moyens sont également légiti-mes, parce qu'ils sont également *né-cessaires*, également soumis aux loix du *fatalisme*, dont la force *irrésistible* s'étend à tous les êtres, à toutes les modifications, à toutes les révolutions, à toutes les opérations des êtres ; pour ces hommes, en un mot, qui, inté-ressés à tirer de vos principes les con-séquences qui en découlent naturelle-ment, n'attendoient peut-être que vos

(42) *Tom. I. ch. 9, p. 163.*

leçons pour paſſer de la ſpéculation à la pratique, & pour porter par-là même le trouble & l'horreur dans la ſociété. S'ils deviennent les fléaux de leurs ſemblables, nous vous aurons, Monſieur, cette importante obligation, & nous nous féliciterons, & de vos *expériences* & de vos découvertes. Au reſte, ſi vos expériences ſont vraies, ils n'auront ſûrement pas tort, ils conformeront leurs mœurs à votre doctrine ; & plus conſéquens que vous, ils feront, ou ils croiront faire du moins très-irréſiſtiblement & très-innocemment, ce que vous auriez dû, mais ce que vous n'avez pas oſé leur dire de faire. Vous êtes ſinguliérement adroit, vous avez trouvé le rare ſecret de faire des ſcélérats en prêchant la vertu. Il eſt vrai que vous la prêchez en *athée* & en *fataliſte*, & quoi que vous en puiſſiez dire, ces deux titres ſont très-faits pour décréditer vos pathétiques exhortations.

Heureuſement pour la ſociété, le *fataliſme* n'eſt ni le point d'appui des loix, ni le ſyſtême de ceux qui veillent à la ſûreté publique ; & s'il eſt dans l'eſpece humaine beaucoup d'individus dont le *cerveau* ſoit en rapport d'analogie avec vos principes, vous préparez une ample moisson à nos bourreaux. Aussi, n'est-ce pas sans raison que vous vous élevez avec tant de force contre la sévérité des loix ! Rien n'est, en effet, plus complétement injuste, rien n'est plus inconséquent, que de punir de mort, un homme qui n'est pas coupable, quelques crimes qu'il ait commis, puisqu'il n'est pas libre. *On est en droit de se garantir, & de se mettre en sûreté..... Mais la raison semble indiquer que la loi doit montrer aux crimes nécessaires des hommes toute l'indulgence compatible avec la conservation de la société...... les méchans sont des hommes dont le cerveau est, soit continuement, soit passagérement troublé;* il faut donc les traiter comme des fous, c'est-à-dire, *les mettre pour toujours dans l'impuissance de nuire en les privant de la liberté.* Encore faut-il, pour en venir là, qu'on *ait perdu tout espoir de jamais les ramener à une conduite plus conforme au but de la société* (43), qu'on ait épuisé tous les moyens de les rendre meilleurs.

Ces moyens, Monsieur, sont innombrables, ils sont aussi multipliés que les causes qui influent sur le *tempéra-*

(43) *Tom. I. ch. 12, p. 249.*

*ment*, unique source des vices & des vertus des hommes. Ainsi, tout bien pesé, il n'y aura point de cas où la société soit en droit de priver de la liberté un de ses membres, & moins encore de lui ôter la vie, ou, pour parler plus correctement, suivant vos principes, d'arrêter par la violence, la force de la nécessité qui le rend nuisible & dangereux. Au lieu de juges, de *bourreaux* & de *geoliers*, nous n'aurons donc besoin que de bons *médecins*; au lieu de *tribunaux*, *d'é-chafauts*, & de *prisons*, il ne faudra que multiplier le nombre des *hôpitaux*; au lieu de *censures*, *d'exhortations*, de *reproches*, on ne devra employer que des *saignées*, des *purgations*, des *clys-teres*, des *juleps*, &c. & tel régime qu'il appartiendroit & lorsqu'enfin tous les remedes seront en défaut ( ce qui exigera plus d'une expérience, dont chacune pourra coûter les biens, & peut-être la vie à quelque citoyen ), il suffira de transplanter le coupable dans un climat qui dérange par son influence toute l'économie animale de cet être nuisible, & qui le *ramene à une conduite plus conforme au but de la société*.

Heureufe indulgence ! charmante lé-
giflation ! où l'on pourroit impunément maffacrer, piller, voler, facca-
ger, brûler, violer, &c. fous les be-
nins aufpices du *fatalifme* & de la *néceffité*; aux périls & rifques de fe faire
évacuer la bile, diminuer le volume
du fang, de changer de nourriture,
& au pis aller, d'effayer d'être vertueux hors de fa patrie. Oh, Monfieur, que vous êtes un bon homme!
& qu'il feroit doux de vivre fous des
loix que vous auriez faites vous-même !
Je conviens qu'on ne feroit pas beaucoup en fûreté ; mais on auroit la liberté de prévenir le mal qu'on auroit
à craindre en le faifant foi-même.

Je fais que vous ne nous parlez pas
tout-à-fait ce langage. Mais, comme
*fatalifte*, vous n'êtes pas logicien, ou
vous n'êtes pas fincere. Pour moi, fi
j'étois d'un tempérament plus fou-
gueux ; fi j'étois agité de ces grandes
paffions qui conduifent aux grands crimes ; fi je me fentois, en un mot,
organifé pour la fcélérateffe, & pour
être l'ennemi des humains, je tien-
drois inébranlablement à votre *code* :
& en attendant qu'il fût mieux & plus
généralement accueilli, je vous ren-

drois de très-humbles actions de graces
de ce que vous avez eu assez de force
d'esprit, pour en faire pressentir aux
hommes les précieux avantages. Je ne
vous cacherai pas cependant que, s'il
prenoit faveur, je vous choisirois pour
premiere victime de mon indispensa-
ble & innocente cruauté, dans la
crainte que dans quelque *modification
passagere* de votre *cerveau*, vous ne fus-
siez *nécessité* d'abroger des loix si salu-
taires.

Au reste, dans cette supposition, je
ne serois, moi, comme tous les êtres
que nous appellons communément
*assassins*, je ne serois qu'un *instrument
passif*, dont la *nature* se serviroit pour
vous dépouiller de vos ornemens, &
vous *forcer* à *disparoître*, parce que vous
auriez probablement *rempli la tâche
qu'elle vous avoit imposée*. Ne trouveriez-
vous pas bien drôle que je fus à cet
égard le *ministre* de la *nature?* Et quand
ensuite, au lieu de ragoûts succulens,
on me condamneroit, à ne manger
qu'un maigre bouilli, au lieu du Bour-
gogne & du Champagne, on me for-
ceroit d'avaler quelques bouteilles
de tisane de poulet, & autres cal-
mans de cette espece ( car en bonne

regle, on ne devroit me faire rien de plus ), la justice distributive ne vous paroîtroit-elle pas bien observée ? N'y auroit-il pas une bien juste proportion entre l'effusion de votre sang, & la privation passagere de cette liqueur qui auroit armé mon bras ? Au fond, si on me faisoit mourir, ma mort ne vous serviroit de rien, *elle seroit aussi inutile pour moi*, il n'est pas même bien décidé *qu'elle fût avantageuse à la société.* Je ne la craindrois pas, d'ailleurs ; vous m'avez trop bien prémuni contre ces prétendues horreurs que le préjugé lui prête, & contre les suites chimériques que les théologiens prétendent qu'elle peut avoir. Je la craindrois si peu, que si j'éprouvois quelques remords, je me punirois moi-même de cette foiblesse, & que me croyant très-malheureux, puisque le vice même s'opposeroit à mon bonheur, *un fer* *seroit mon unique ressource* (44). Ainsi le plus court seroit de me laisser *décrire paisiblement le cercle des changemens que la nature trace aux êtres de mon espece.* Mais, peut-être, aurois-je aussi pour lors *rempli ma tâche,* & qu'il seroit tems, que quelqu'autre *instrument passif* me fît disparoître. Je n'aurois

(44) *Tom. I. ch. 14, p. 330.*

pas lieu de m'en plaindre. Qui fait même fi, difparoiffant avec vous, nos *molécules* ne s'accrocheroient pas en chemin, & s'il n'en réfulteroit pas, fous la main induftrieufe de la *nature*, quelque *jet* extraordinaire ? Une *harpe qui fe pinceroit elle-même*, par exemple ?

Raffurez-vous cependant, Monfieur, la *nature* ne m'armera jamais, ni de fer ni de poifon ; elle m'a *organifé* pour la bienfaifance & la paix ; j'oferois même dire, pour la bonhommie. Si elle m'impofe quelque *tâche* à votre égard, je la remplirai fans qu'il vous en coûte une goutte de fang. Ce ne feroit pas après tout le vôtre que je voudrois verfer ; je refpecte trop les chefs-d'œuvre de la *nature* : s'il faut vous en croire, elle n'en fait pas fi fouvent ; les êtres tels que vous font rares, *parce que dans l'ordre des chofes, les circonftances néceffaires, ou le concours des caufes productrices de ces êtres n'arrivent que rarement* (45). Quoiqu'entre nous, la *nature* paroît fe familiarifer depuis quelque tems avec ces *jets* rares ; nous voyons de nos jours beaucoup de cerveaux *organifés* pour l'*athéifme*, comme nous en voyons beaucoup *d'organifés* pour le libertinage. Ne faudroit-il pour l'un & pour l'autre qu'un seul & même *jet*? Vous avez trop bien pénétré la marche de la *nature*, pour nous laiſſer ignorer long-tems la ſolution de cet intéreſſant problême.

Je ſuis peut-être indiſcret de vous demander tant de choſes? Mais réſolu de meſurer en plein ma logique avec la vôtre, il faut que vous vous accoutumiez de bonne heure à mes queſtions. C'eſt une témérité, ſans doute à moi de vouloir lutter avec vous; mais *tout ramene à l'indulgence celui que l'expérience a convaincu de la néceſſité des choſes..... le fataliſte n'eſt point en droit d'être vain de ſes propres talens ou de ſes vertus, il ſait que ces qualités ne ſont que des ſuites de ſon organiſation naturelle, modifiée par des circonſtances qui n'ont nullement dépendu de lui. Il n'aura ni haine ni mépris pour ceux que la nature & les circonſtances n'auront point favoriſés comme lui* (46).

(46) Tom.I. ch. 12, p. 262.

D'après cet humble portrait que vous faites de vous-même, je ſuis tranquille, Monſieur, je ſuis très-aſſuré que vous ne ſerez point offenſé de mes plaiſanteries. Si vous y trouvez du ſel, vous en rirez tout le premier : ſi, au contraire, elles vous paroiſſent fades

& infipides, vous n'y verrez *que l'action & la réaction néceffaire du phyfique fur le moral, & du moral fur le phyfique* (47), c'eft-à-dire, *l'action & la réaction de l'homme fur lui-même*, ou, de la *néceffité* fur l'homme & de l'homme fur la *néceffité*. Car vous favez très-bien, qu'on *a vifiblement abufé de la diftinction du phyfique & du moral*, que l'homme eft un être purement phyfique, & que l'homme moral n'eft que cet être phyfique confidéré fous un certain point de vue, c'eft-à-dire, relativement à quelques-unes de fes façons d'agir dues à fon organifation particuliere ; & comme *cette organifation eft l'ouvrage néceffaire de la nature, comme les façons d'agir de l'être organifé font des effets néceffaires de fon organifation & de fon méchanifme propre* (48), il s'enfuit que l'action & la réaction du phyfique fur le moral, & du moral fur le phyfique, n'eft précifément que *l'action & la réaction de la néceffité fur l'homme, & de l'homme fur la néceffité.* Ce feroit à vous maintenant à nous dire, fi l'homme, cet *inftrument paffif*, entre les mains de la néceffité peut *agir & réagir fur elle?* Pour moi, je n'ai fait cette obfervation que pour éviter une

(47) *Ibid. p.* 263.

(48) *Tom. I. ch. 1, p. 2.*

méprise, & qu'on *n'abusât* encore *de
la distinction de l'homme physique & de
l'homme moral.*

Pensez-vous, Monsieur, que cette
petite remarque soit inutile, & que la
conséquence soit mal déduite ? Si cela
étoit, ce ne pourroit être qu'un défaut *d'expérience, un effet naturel, une
suite nécessaire d'une organisation vicieuse,*
que je voudrois bien qu'il vous fût
possible de rectifier. Mais ce *vice* est
malheureusement *nécessaire* pour que
je sois tel que je suis, & que je *differe essentiellement* de vous. *Je ne puis
penser autrement que je pense, ni agir
autrement que j'agis ;* vous devez me
supporter. *C'est au fataliste à être humble,
modeste & indulgent par principe* (49).

(49) *Tom. I.
ch. 12, p. 262.*

Si vous pouviez perdre de vue,
Monsieur, cette belle sentence, je
vous prierois de vous rappeller l'admirable comparaison que vous faites
dans la note 41 de votre second volume. Les hommes sont, dites - vous
dans cette note, qui mérite sûrement
plus d'une épithete ; les hommes sont
des *dés pipés.* Chacun d'eux doit donc
*nécessairement* se présenter toujours sous
une certaine *face :* mais *pipés* différemment, ils doivent tous présenter une

face différente ; parce que les *molécu-*
*les* dont ils font compofés *étant effen-*
*tiellement variées par elles-mêmes, & par*
*leurs combinaifons, elles font pipées,*
*pour ainfi dire, d'une infinité de façons.*
Ainfi tel eft *pipé* pour la vertu , tel
autre pour la fcience, celui-ci pour
le vice & celui-là pour la ftupidité ,
un autre pour la fageffe , & un
fixieme pour la folie, quelques - uns,
pour être utiles , & beaucoup pour
nuire à la fociété, &c. Et on ne dòit
pas être plus furpris de cette différence parmi les hommes, que de *voir*
*fortir du même cornet cent mille dés ,*
*préfentant cent mille fix de fuite , s'ils*
*étoient tous pipés pour cette combinaifon.*

Voilà précifément notre cas, Monfieur, & voilà ce qui nous juftifie ,
vous, d'être *athée* , & moi *déicole ;*
vous d'avoir écrit d'un ftyle nerveux
& avec tous les charmes de l'éloquence, un livre plein de contradictions, d'inconféquences, de contre-vé-
rités, de paradoxes, peut - être même
de mauvaife foi ; & moi, de vous
écrire une lettre, à laquelle vous don-
nerez telles qualifications qu'il vous
plaira, pour vous annoncer que je me
difpofe à vous combattre. La diffé-

rence de nos idées ne dépend pas de nous, elle trouve *sa raison suffisante* dans la maniere plus qu'involontaire dont nous avons été *pipés* par la *nature.*

Voilà aussi, si j'osois vous le dire en passant, voilà ce qui justifie les auteurs des religions, des législations, des dogmes, des systêmes, qui vous révoltent. La tête de *Moïse*, ou la tête de *Jesus-Christ* n'ont été que des *assemblages de molécules*; ou si l'on veut, des *dés pipés par la nature*, c'est-à-dire, des êtres combinés & élaborés de maniere à produire le pentateuque ou l'évangile: comme la tête *d'Homere* ou la tête *de Virgile*, ont été pipées pour produire l'I-liade ou l'Enéide.

Il est étonnant qu'après de pareils principes ( dont vous ne m'accuserez pas certainement de faire une fausse application ), il est étonnant, dis-je, que vous n'ayiez pas compris que vos déclamations étoient déplacées; & que vous outragiez la *nature* en vous déchaînant contre des *cerveaux* qu'elle avoit *combinés*, *élaborés*, *pipés*, en un mot, elle-même. D'ailleurs, Monsieur, sauf le respect qui vous est dû, vous êtes un peu partial; & cela n'est pas décent pour un *fataliste, que tout doit*

*ramener*

ramener à l'*indulgence.* Vous auriez bien
pu laisser tranquille la tête de Moïse;
celle de Jésus-Christ & de leurs partisans. Comme vous avez laissé celle
d'Homere & de Virgile. En supposant
que la tête des premiers ait été mal
pipée; c'est à la *nature* & non pas à
eux qu'il falloit s'en prendre. Ils ont
*rempli leur tâche,* ils ont suivi *les loix
de la nécessité, en suivant celles de leur
organisation,* tout ce qu'ils ont fait &
dit, étoit *le résultat d'une de ces combinaisons que la nature fait pendant une
éternité.* Qu'aviez-vous à leur dire ?
Mais peut-être êtes-vous *pipé* pour fron-
der, à peu de choses près, toute la
*piperie* de la *nature?* En ce cas, la *nature,* en vous *pipant,* a fort mal entendu ses propres intérêts; elle est une
sotte de vous avoir *pipé* pour être son
*Zoïle.* N'auriez-vous pas dû vous con-
tenter d'être son scrutateur, & son
panégyriste ; mais il faut que vous
mettiez de la contradiction par-tout.

Vous me direz, peut-être, qu'elle
vous a *pipé* nécessairement & sans le
vouloir, & que vous frondez aussi nécessairement les productions; en même
tems que vous exaltez sa puissance. A
la bonne heure, sans être *fataliste,* je

G

suis *indulgent*, je vous excuse. Mais tout le monde est excusable, & moi aussi : ou votre systême est faux.

Je m'arrête ici, Monsieur, cette lettre n'est point une réfutation, ce n'est qu'une légere ébauche des réflexions que j'ai faites sur votre ouvrage. Si vous êtes encore au nombre des vivans, vous m'obligerez infiniment de me faire connoître ce que vous en pensez ; à votre défaut, je fais la même priere à ceux qui vivent, & qui sont vos juges & les miens. Leur suffrage m'enhardira, & si je ne l'obtiens pas, je me réduirai sans peine au silence. Je ne suis pas *fataliste*, mais je ne suis pas vain ; je ne suis pas *pipé* pour me croire de grands talens : je ne me pique que de penser, de réfléchir, & de raisonner juste. Si cela suffisoit pour être raisonnable, je prendrois volontiers ce titre : mais il faut encore de *l'expérience*, sans laquelle on ne peut pas même savoir si on raisonne ; & c'est précisément ce qui me manque ; j'entends du moins, cette *expérience* dans laquelle vous avez puisé votre *systême*. Que faire, Monsieur, c'est un malheur. *Non omnibus licet.*......... Tout le monde n'est pas aussi-bien *pipé* que vous, tout le monde n'a pas une aſſez grande force de *raiſon* pour faire des *expériences vraies*, ni aſſez *d'expérience* pour avoir de la *raiſon*. Auſſi, Monſieur, je rends de très-bon cœur hommage à votre *raiſon* & à votre *expérience* ; je vous admire comme un de ces *êtres merveilleux* & *rares* que la *nature* ne produit qu'avec effort, & dont elle ne met que très-rarement en *jeu* les *cauſes productrices*. En un mot, & pour ne pas ſortir de votre incomparable comparaiſon, je vous regarde comme tenant le premier rang parmi les *dés pipés* par la *nature* : je ſuis conſéquemment, en attendant l'honneur de m'entretenir plus amplement avec vous, avec toute la conſidération & toute l'eſtime qu'on doit à un *dé* ſi ſinguliérement *pipé*, je ſuis, dis-je, comme *un* eſt à *ſix*,

MONSIEUR,

Votre très-humble & très-obéiſſant ſerviteur,

R*****

autant de fois que bon lui femblera, & de le faire vendre & débiter par tout notre Royaume, pendant le tems de cinq années confécutives, à compter du jour de la date des Préfentes. Faifons défenfes à tous Imprimeurs, Libraires & autres perfonnes, de quelque qualité & condition qu'elles foient, d'en introduire d'impreffion étrangére dans aucun lieu de notre obéiffance : A la charge que ces Préfentes feront enregiftrées tout au long fur le Regiftre de la Communauté des Imprimeurs & Libraires de Paris, dans trois mois de la date d'icelles ; que l'impreffion dudit Ouvrage fera faite dans notre Royaume, & non ailleurs, en bon papier & beaux caractéres ; que l'Impétrant fe conformera en tout aux Réglemens de la Librairie, & notamment à celui du 10 Avril 1725, à peine de déchéance de la préfente Permiffion ; qu'avant de l'expofer en vente, le Manufcrit qui aura fervi de copie à l'impreffion dudit Ouvrage, fera remis dans le même état où l'Approbation y aura été donnée, ès mains de notre très-cher & féal Chevalier Garde des Sceaux de France, le Sieur HUE DE MIROMENIL ; qu'il en fera enfuite remis deux exemplaires dans notre Bibliotheque publique, un dans celle de notre Château du Louvre, un dans celle de notre très-cher & féal Chevalier Chancelier de France, le Sieur DE MAUPEOU, & un dans celle dudit Sieur HUE DE MIROMENIL ; le tout à peine de nullité des Préfentes ; du contenu defquelles vous mandons & enjoignons de faire jouir ledit Expofant & fes ayans caufés, pleinement & paifiblement, fans fouffrir qu'il leur foit fait aucun trouble ou empêchement. Voulons qu'à la Copie des Préfentes, qui fera imprimée tout au long, au commencement ou à la fin dudit Ouvrage, foi foit ajoutée comme à l'Original. Comman-

dons au premier notre Huissier ou Sergent sur
ce requis, de faire pour l'exécution d'icelles,
tous actes requis & nécessaires, sans demander
autre permission, & nonobstant clameur de
Haro, Charte Normande & Lettres à ce contraires : CAR tel est notre plaisir. DONNÉ à Paris,
le seizieme jour du mois d'Août, l'an de grace
mil sept cent quatre-vingt, & de notre Regne
le septieme. Par le Roi en son Conseil.

**LE BEGUE.**

*Registré sur le Registre XXI de la Chambre
Royale & Syndicale des Libraires & Imprimeurs
de Paris, N°. 2072, fol. 360, conformément
aux dispositions énoncées dans la présente Permission, & à la charge de remettre à ladite Chambre
les huit exemplaires prescrits par l'Article CVIII
du Réglement de 1723. A Paris, ce 22 Août 1780.*

**LECLERC, Syndic.**

De l'Imprimerie de STOUPE, rue de la Harpe.

# *TABLE* DES CHAPITRES

CONTENUS DANS CET OUVRAGE.

Fin de la Table.


PRÉFACE,

# *PRÉFACE.*

L'Histoire Sacrée, est sans doute l'histoire la plus intéressante pour l'homme, & pour le Chrétien sur-tout ; elle est cependant la plus négligée ; on se pique de savoir l'histoire des Grecs & des Romains ; on s'appesantit sur les annales des différens Peuples, & les annales du Peuple de Dieu ( que tous les peuples devroient regarder comme les leurs propres, puisque ce peuple, le plus ancien, quoi qu'on dise, de tous, a donné naissance à tous les peuples de l'univers ); les annales, dis-je, du Peuple de Dieu sont presque généralement oubliées. Les faits qu'elles renferment ne sont-ils pas dignes de notre curiosité ? Le code des loix

A

qui y eſt dépoſé, n'eſt-il pas propre à nous inſtruire de ce qu'il nous importe le plus de ſavoir ? Le culte qui y eſt preſcrit, les promeſſes qui y ſont conſignées, les oracles qui y ſont exprimés, ſont-ils des objets qui nous ſoient étrangers ? Non ſans doute. Pourquoi donc cette eſpece d'indifférence pour des livres qu'on devroit ſans ceſſe avoir entre les mains, puiſqu'ils nous tranſmettent la parole du Dieu que nous adorons ? C'eſt ce qu'il n'eſt pas aiſé de concevoir. Si on accoutumoit de bonne heure les jeunes gens à cette lecture, ſi on faiſoit de l'Hiſtoire Sacrée le fondement de leur éducation, & la baſe de leurs études ; ſi ceux qui ſont chargés de la partie de l'inſtruction publique ; ſi les maîtres & maîtreſſes,

en un mot, s'étudioient à inculquer
à leurs éleves de l'un & de l'autre
sexe, la nécessité, l'utilité, les agré-
mens même de cette science, on
en feroit peut-être plus de cas dans
un âge plus avancé, & nous ne
gémirions pas sur le mépris général dans lequel elle est tom-
bée.

J'ai été dans le cas de m'ap-
percevoir de la négligence des maîtres à cet égard, & j'ai cru en pénétrer le motif; je me garderai bien
de le rendre public; mais en leur
facilitant les moyens de remplir une
portion si essentielle de leur devoir,
je les rendrai inexcusables.

J'avois ébauché cette analyse
pour des jeunes personnes dont
l'éducation me tenoit fort à cœur :
j'ai été surpris du bien qu'elle a

produit, & j'en ai conçu l'idée de l'étendre à tous ceux qui voudront en profiter, en retouchant mon ouvrage, & le consacrant à l'usage de mes freres. J'ai fait tous mes efforts pour le rendre instructif, & pour le mettre à la portée de tous les esprits : c'est à ceux qui le liront à juger si j'ai manqué mon but.

La forme que je lui ai donnée, m'a paru la plus simple, & la plus propre à fixer tout à la fois l'intelligence & la mémoire des jeunes gens pour lesquels je l'ai entrepris : celle de nos catéchismes m'a servi de regle. Je n'ai pas voulu cependant dans certains endroits, multiplier les demandes, parce que je n'aurois pu que les rendre monotones ; j'aurois d'ailleurs été forcé

de faire un ouvrage plus long, &
d'interrompre la suite des faits, ce
qui auroit été, selon moi, un défaut beaucoup plus grand, que
celui dans lequel je suis tombé :
si toutefois c'en est un.

Je ne crois pas, après un mûr
examen, qu'il me soit rien échappé
de contraire à la foi chrétienne ;
si cependant, borné comme je le
suis, dans cette partie, il s'étoit glissé
quelque chose dans cette analyse
qui n'y fût point conforme, ce ne
seroit qu'une suite de mon ignorance, & non pas un crime de ma
volonté ; je le rétracte, je le condamne par avance, en attendant
de souscrire au jugement que des
personnes plus éclairées que moi en
porteront ; je me soumets de très-
bon cœur à leur censure, & elles

me trouveront très-disposé à profiter de leurs avis.

Je terminerai ce petit bout de Préface, en exhortant la jeunesse chrétienne à ne pas rendre mon travail infructueux; son plus grand bien, seul motif qui me guide, est aussi le seul objet de mon ambition.

# ANALYSE

## DE

## L'HISTOIRE SACRÉE

### DEPUIS

### L'ORIGINE DU MONDE,

#### JUSQU'A LA VENUE DU MESSIE.

---

## CHAPITRE PREMIER.

*De l'Histoire Sacrée en général.*

Dem. *QU'EST-CE que l'Histoire Sacrée ?*
Rép. C'est l'Histoire la plus intéressante pour l'homme, & la seule qui lui développe, avec certitude, des vérités, qu'il ne peut ignorer sans crime, & qu'il ne sauroit ni trop méditer, ni trop approfondir.

*D. Quelles sont les vérités les plus importantes, que l'Histoire Sacrée nous apprend ?*

*R.* Elle nous dépeint l'état heureux dans lequel l'homme a été créé, par la seule libéralité de son Créateur : juste, innocent, destiné à un bonheur infini ; sa triste chûte par le péché, source funeste de tous les maux ; sa réparation future par un médiateur, mystérieusement promis à notre premier pere : elle nous fait voir la terre inondée par un déluge universel, en punition de ses crimes, qui, malgré ce châtiment, se reproduisirent encore avec plus de force, à mesure que le genre-humain se multiplia.

*D. Comment Dieu se manifesta-t-il aux hommes ?*

*R.* Il se choisit un peuple, pour le rendre dépositaire de sa Religion ; il en fut lui-même le Chef & le Législateur ; il le conduisit d'une maniere toute singuliere, & lui fit part de ses mysteres, & de l'ordre de ses desseins, lui annonça le Libérateur promis, dont le royaume subsistera éternellement ; il voulut enfin que ce Peuple, par sa sortie d'Egypte, son séjour dans le désert, son entrée dans la terre promise, ses guerres, ses conquêtes, sa longue captivité à Babylone, & son retour dans sa patrie, par tous les états, en un mot, par lesquels il le fit passer; il voulut, dis-je, que ce Peuple nous offrît en tout la figure de l'Eglise, & de tout ce qui devoit accompagner son établissement.

*D. Quelles preuves Dieu donna-t-il à son peuple pour le convaincre qu'il lui avoit révélé ses volontés?*

*R.* Il le convainquit par les prophéties & les miracles; preuves les plus fortes, les moins équivoques, & les plus faciles à saisir; parce qu'il ne faut que des sens & de la raison pour juger de leur existence & de leur vérité. Les miracles les plus célebres furent attestés par des fêtes solemnelles; le passage de la mer Rouge, par exemple, le fut par la cérémonie de la Pâque, & par le cantique de Moïse.

Les prophéties portoient le caractere de la toute-puissance Divine, comme les miracles: on vit des hommes inspirés de Dieu annoncer l'avenir & presque toujours des malheurs à Israël & à Juda; ainsi fut prédite la destruction totale des dix Tribus, la captivité de Babylone, &c.

D. Quel est le fruit qu'on doit tirer de la connoissance de l'Histoire Sainte?

R. Elle doit servir, 1°. à nous convaincre de l'existence d'un Dieu, & de ses inénarrables attributs, comme son unité, sa toute-puissance, sa bonté, sa miséricorde, sa justice, sa patience, sa sainteté par excellence, sa science infinie de tous les tems, & particuliérement sa providence; 2°. nous devons observer avec S. Paul, que cette histoire est le type & la figure de la Religion de J. C. qui étoit lui-même la fin de la Loi; que les faits que cette histoire renferme ont une connexion essentielle avec le Christianisme, & en sont comme le fondement & la base. Réflexion bien propre à en faire naître une infinité d'autres, & d'affermir les esprits dans la foi de la Religion.

Pendant les deux premiers mille ans, la vraie Religion se conserva par la seule tradition, c'est-à-dire, par les soins religieux que les peres avoient de raconter à leurs enfans les merveilles que Dieu avoit opérées en leur faveur, & dont ils avoient été les témoins; ces faits ainsi transmis, & avec la plus grande fidélité, parvinrent successivement jusqu'à Moïse, qui les rédigea par écrit, par l'ordre de Dieu même : aussi les premiers livres de l'Ancien-Testament ne sont, à proprement parler, que l'exposé de ces faits. Les préceptes de morale viennent après, les livres des prophetes suivent. Par-tout, l'ordre des tems est suivi, & la parole de Dieu se fait sentir avec cette force, que l'impie même ne sauroit éluder. Le premier livre commence par la création du monde ; le dernier finit par l'espérance du dernier avénement de J. C.

## CHAPITRE II.

*De la Création de l'Univers.*

D. *Quelle idée devons-nous nous former de la Création ?*

R. Il n'est point d'image plus sublime que celle que nous fournit ce premier fait de l'Histoire Sacrée : Dieu, dit Moïse, sortit de son repos éternel, & à sa parole nous voyons paroître un nombre infini de créatures, qui, par leur diversité & leur perfection, nous penetrent de respect, d'admiration & d'amour pour l'Etre adorable qui les forma.

*D.* En combien de jours Dieu créa-t-il le monde, & tout ce qu'il renferme ?

*R.* Il auroit pu le créer dans un seul instant, par sa toute-puissance, & dans le même état de perfection qui nous frappe ; mais il voulut employer six jours à ce grand ouvrage, & se reposer le septième, pour marquer à l'homme le tems qu'il devoit donner au travail, & qu'il ne devoit cesser de travailler que pour glorifier son Créateur.

*D.* Quel fut l'ouvrage du premier jour ?

*R.* Dieu créa ce jour-là, le Ciel & la Terre ; il fit la lumiere, & la divisa d'avec les ténebres, en disant ; que la lumiere soit faite, & la lumiere fut faite.

*D.* Qu'entendez-vous par ces paroles ?

*R.* J'entends que Dieu marqua un ordre entre les ténebres & la lumiere ; il sépara les tems & les régla : puisque l'écriture dit que du soir & du matin se fit le premier jour.

*D.* Qu'est-ce que Dieu créa le second jour ?

*R.* Il créa le firmament auquel il donna le nom de ciel, & il divisa les eaux du ciel d'avec celles de la terre ; c'est-à-dire que Dieu fit évaporer une grande partie des eaux qui environnent le globe de la terre ; & ces eaux subtilisées par l'ordre du tout-puissant, s'éleverent dans les airs, & formerent cette voûte azurée, que l'écriture appelle ciel, ou firmament.

D. *Qu'est-ce que Dieu fit le troisieme jour ?*

R. 1°. Il sépara les eaux de la terre, & leur traça l'espace qu'elles devoient occuper, en leur prescrivant de n'en sortir jamais ; 2°. il rendit la terre, auparavant stérile, propre à produire toutes sortes d'arbres & de plantes, portant leurs semences pour se perpétuer jusqu'à la fin des siecles.

D. *A quoi Dieu s'occupa-t-il le quatrieme jour ?*

R. Il fit le soleil, la lune, les autres planetes & les étoiles. Il fixa dans le firmament ces corps lumineux, pour séparer le jour d'avec la nuit : pour marquer les tems & les saisons, les jours & les années. Le soleil fut donc créé pour éclairer la terre, pour régler les occupations de l'homme, & lui désigner le tems qu'il doit donner au travail & au repos. C'est à la vue de ces merveilles, que le Prophete roi s'écrie, que les cieux annoncent la gloire de Dieu, & que la terre publie les merveilles de sa puissance.

*D. Comment Dieu remplit-il le cinquieme jour ?*

*R.* Dieu créa ce jour-là les poiſſons de la mer & les oiſeaux du ciel, c'eſt-à-dire, qu'il voulut que ces deux élémens fuſſent peuplés par une infinité d'êtres vivans deſtinés à embellir l'univers, & à ſervir aux beſoins de l'homme, qu'il ſe propoſoit de former.

*D. Quel fut enfin l'ouvrage du ſixieme jour ?*

*R.* Les animaux & les reptiles de la terre furent créés pour l'uſage de l'homme, qui fut créé le dernier, comme un abrégé de l'univers & le chef-d'œuvre de la puiſſance & de la ſageſſe du créateur du monde. Ce Dieu bienfaiſant créa l'homme à ſon image & à ſa reſſemblance, ce qui ne peut s'entendre que de la partie materielle de l'homme, puiſque Dieu eſt un pur eſprit. D'où il eſt aiſé de conclure que l'homme a quelque choſe de plus que les organes extérieurs qui nous frappent ; en effet, l'écriture nous dit clairement, que Dieu unit au corps de l'homme, un eſprit intelligent, en répandant ſur lui ce ſouffle de vie, qu'il tira comme de ſon propre fonds. Par cette partie de ſon être, l'homme differe eſſentiellement de la matiere : il est entre sa nature, & celle des animaux, une distance infinie. Il reçut la raison pour l'éclairer dans ses actions & dans ses démarches ; le don admirable de la parole, pour développer ses pensées ; la mémoire pour se rappeller du passé, & pour avoir toujours comme présens, les objets qui avoient frappé les sens.

Outre la nature de son esprit, la justice, l'innocence, les sentimens de religion furent encore des traits qui le rendirent conforme à l'image, sur laquelle il fut créé : conformité au reste, qu'on ne doit pas prendre dans toute son exactitude ; parce que l'homme n'approchera jamais de la Divinité. Ce ne peut être par conséquent, qu'une conformité relative, c'est-à-dire, une legere esquisse des perfections de l'Eternel, dont l'homme seul avoit été gratifié, par préférence à tous les êtres vivans, & qui le rendoit supérieur à toutes les créatures.

# CHAPITRE III.

### De la Création des Anges.

D. *Qu'est-ce que les anges ?*

*R.* Ce sont des substances, entièrement dépouillées de la matiere, des intelligences actives, que Dieu a créées pour célébrer éternellement sa gloire & ses louanges, pour exécuter ses ordres suprêmes, & pour veiller à la garde des hommes.

D. *Quelle preuve a-t-on que Dieu ait créé des anges ?*

*R.* L'écriture nous en fournit plusieurs de leur existence : on voit dans la Genese, que trois anges visiterent Abraham, pour lui prédire qu'il auroit un fils : deux anges délivrerent Loth de l'incendie de Sodome : un ange fut envoyé pour consoler Agar, lorsqu'Abraham la renvoya, & lui ordonna de prendre soin de son fils Ismaël : Abraham fut retenu par un ange, dans le moment qu'il alloit immoler son fils Isaac : Dieu envoya un ange à Gédéon pour déclarer qu'il délivreroit Israël de la puissance des Ma-

dianites : un ange apparut à la mere de
Samſon, pour lui annoncer la naiſſance
d'un fils : l'ange Raphaël accompagna le
fils de Tobie dans ſon voyage : David
parle du miniſtere des anges dans pluſieurs endroits de ſes pſeaumes. Saint
Paul en parle auſſi de la maniere la plus
expreſſe : nous ſavons enfin qu'un de
ces eſprits fut chargé d'annoncer à Marie,
le grand myſtère de notre rédemption.

D. *En quel tems peut-on croire que les
anges furent créés ?*

R. L'Ecriture n'en parle point, & ne
les comprend point dans les ouvrages de
la création ; nous n'avons par conſéquent
rien de poſitif là-deſſus : nous ſavons
cependant, d'après le quatrieme concile
de Latran, que Dieu créa, dès le commencement, la nature ſpirituelle, com-
priſe, ſelon ſaint Auguſtin ( *de Geneſ. ad
litt.* ) ſous le mot *ciel*, du premier verſet
de la Genèſe ; & la corporelle, ou la
*matiere* déſignée par le mot *terre*. Il paroît
raiſonnable que ces eſprits céleſtes
aient été créés avant le monde matériel :
quelques auteurs prétendent qu'ils ont
été créés avec la lumiere, c'eſt-à-dire,
le premier jour ; Dieu ayant voulu ſe
procurer des ſpectateurs de ſes merveilles.

D, *N'avons-nous rien de plus à savoir sur les anges ?*

R. La foi nous apprend la chûte & le châtiment d'une partie de ces sublimes intelligences, qui par un esprit d'orgueil, prétendoient s'égaler à Dieu même, & refuserent au Verbe éternel, au sentiment de quelques docteurs, les adorations qui lui étoient dues.

D. *Quelle a été la peine d'un si grand crime ?*

R. La perte de leur bonheur & de leur gloire, qui a été suivie d'un malheur inexprimable, & d'une honte, d'un désespoir qui n'auront pas plus de bornes, que leur malheur & leur supplice.

# CHAPITRE IV.

*De l'état d'innocence du premier homme & de sa chûte.*

D. **D**ANS *quel état Adam fut-il créé ?*

R. Il fut créé dans un état de justice & d'innocence.

D. *Quelles étoient les prérogatives de cet état ?*

R. L'amour du bien & du vrai, &

l'ignorance de l'erreur & du mal : une parfaite subordination de la partie inférieure à la partie supérieure, c'est-à-dire, de la chair à l'esprit ; une rectitude dans toutes les facultés de l'ame, une union, un commerce intime avec Dieu, enfin l'immortalité ; c'est-à-dire, la faculté de ne pas mourir ; une exemption par conséquent, de tout ce qui pouvoit troubler sa félicité, tant du côté du corps, que du côté de l'esprit.

*D. Dans quel endroit de la terre l'homme fut-il placé après sa création ?*

*R.* Dans un jardin situé, dit-on, sur les confins de la Mésopotamie, que l'Ecriture appelle un paradis de délices, où l'homme trouvoit tout ce qui pouvoit flatter ses sens, satisfaire son esprit & l'entretenir dans cet état de bonheur, que nous venons de décrire : Dieu lui donna un empire absolu sur tous les animaux, & lui permit de disposer, pour son usage, de toutes les productions de la terre.

*D. Adam resta-t-il long-tems seul ?*

*R.* Non : Dieu lui procura bientôt une compagne, en la personne de la première femme, qu'Adam lui-même appella Eve. Elle avoit été formée d'une de ses propres côtes, que Dieu lui tira après l'avoir plongé dans un profond sommeil, & ce fut-là le dernier ouvrage du créateur, après lequel il se reposa.

*D. Eve fut-elle créée dans le même état de bonheur que le premier des hommes ?*

*R.* Oui, & ces deux premieres créatures, dans cet état de perfection, n'étoient occupées qu'à glorifier, à l'envi, leur auteur, & à lui rendre graces des dons magnifiques qu'elles en avoient reçus.

*D. Adam & Eve persévérerent-ils long-tems dans l'état d'innocence ?*

*R.* Non : Dieu voulut mettre à l'épreuve les sentimens de leur reconnoissance. Au milieu de cette multitude d'arbres, charmans à la vue, qui faisoient l'ornement de ce lieu de délices, il en étoit deux singuliers : l'un appellé l'arbre de vie, dont les fruits étoient destinés à rétablir les forces de l'homme, & à le rajeunir, pour ainsi dire : l'autre qui portoit le nom de la science du bien & du mal ; nom qui étoit une espece de prédiction, de l'effet que devoit produire son fruit : Dieu déclara donc à Adam, qu'il lui permettoit de manger du fruit de tous les arbres plantés dans le jardin : mais qu'il lui défendoit de toucher à l'arbre de la science du bien & du mal ; le menaçant, que dès l'inftant qu'il en auroit mangé, il feroit déchu de tous fes privileges, & affujetti à la mort. L'homme viola la loi que le Créateur lui avoit impofée, & fon bonheur s'évanouit.

*D. Quel fut le principe de la défobéif-fance d'Adam ?*

*R.* L'efprit de ténebres, le chef fans doute de cette troupe d'efprits rebelles, dont nous avons décrit le châtiment & le crime, jaloux de l'heureufe condition du premier homme, mit tout en ufage pour l'en faire décheoir. Caché fous la figure du ferpent, il s'adreffa à la femme, comme à la plus foible, & la follicita de tranfgreffer la défenfe du Seigneur, fous la promeffe frauduleufe, que fi elle & fon mari mangeoient du fruit défen-du, ils deviendroient femblables à Dieu, fachant le bien & le mal. Soit féduction, foit orgueil, foit une vaine curiofité, elle fe rendit aux difcours du féducteur ; & après avoir mangé de ce fruit, qui la flattoit par fa beauté, elle détermina le trop complaifant Adam à devenir com-plice de fon crime, & elle fut ainfi la caufe de la chûte d'Adam, comme le ferpent l'avoit été de la fienne.

*D. Quelles furent les suites de cette déso-*
*béissance ?*

*R.* Dieu ne laissa pas long-tems les
coupables dans l'impunité ; dès l'instant
leurs yeux furent ouverts, & la honte
de leur nudité, fut la premiere peine de
leur crime ; l'erreur suivit bientôt : &
après s'être revêtus de feuilles de figuier,
ils crurent pouvoir se cacher à la poursuite du Seigneur, & éviter sa colere
par la fuite. Ils connurent donc le mal
qu'ils ignoroient, & le bien qu'ils
avoient abandonné : cette connoissance
fit leur premier supplice ; elle fit naître
la crainte & les remords.

*D. Dieu se borna-t-il à ce châtiment ?*

*R.* Non ; il fit tomber sur l'homme
tous les maux dont il avoit été menacé,
& le dépouilla de tous les dons, dont
il l'avoit pourvu : la terre fut maudite à
cause de lui ; & il fut condamné à lui
arracher par son travail, ce qu'elle produisoit auparavant sans culture. La douleur, les besoins, les inquiétudes, les
peines, devinrent en même tems les
préludes de l'arrêt de mort, prononcé
contre lui, & qu'il devoit subir après un
tems déterminé : la femme en partageant
tous ses malheurs, fut encore condamnée
à enfanter dans la douleur & dans les

larmes, & à recevoir la loi de son mari.
Mais à travers cette foule de maux, il
fut aisé de démêler des traits de clémence, dans le Dieu qui punissoit ainsi les
coupables ; puisqu'il prédit au serpent,
après l'avoir maudit, qu'une femme lui
écraseroit la tête. Ce qui doit être regardé comme une promesse infaillible
de la part de Dieu, d'envoyer au monde
un libérateur, pour ruiner la puissance
du démon, & rétablir l'homme dans ses
droits, en vengeant ceux de la Divinité.
Après tous ces arrêts, Dieu chassa nos
premiers peres du Paradis terrestre, &
plaça un chérubin à l'entrée de ce séjour d'innocence, pour leur en interdire
l'approche.

*D. Ces châtimens ne regardoient-ils que
les premiers coupables ?*

*R.* Non : ils s'étendoient à toute leur
postérité ; & comme ils lui auroient
transmis leur bonheur, en lui transmet-
tant leur innocence, ils lui ont aussi
transmis leur malheur, en leur transmet-
tant leur crime.

*D. Comment un seul homme a-t-il pu
rendre tout le genre humain coupable &
malheureux ?*

*R.* Dieu, créateur & maître de tous
les hommes, en avoit établi le premier,

& le chef & le pere ; & avoit fait dépendre le sort de tous, du sort de celui-
là, en renfermant toutes nos volontés
dans la sienne.

D. *Quelle fut la conduite d'Adam après
sa chûte, par rapport à Dieu ?*

R. Les livres saints nous apprennent
qu'il pleura son péché, & en fit pénitence
tout le reste de sa vie, qui fut de 930 ans :
il rentra enfin en grace avec Dieu, en
vue du libérateur qu'il lui avoit promis.
Ainsi, s'il fut le premier de coupables, il
fut aussi le premier des pénitens.

D. *Adam eut-il des enfans, & combien
en eut-il ?*

R. Il en eut trois que l'Ecriture
nomme, ajoutant qu'il en engendra
beaucoup d'autres : Caïn qui fut l'aîné
de tous, donna le premier exemple d'une
jalouse fureur contre son frere Abel,
qu'il massacra, parce qu'il étoit plus
juste que lui, & plus favorisé du ciel,
auquel il offroit de continuels sacrifices : troublé par les remords de sa conscience, & par cette crainte timide qui
suit pour l'ordinaire le crime, tout faisoit ombrage à Caïn ; il craignoit que
tout ne s'armât contre lui, pour venger
le sang de son frere : il fut errant & va-
gabond sur la terre, & bâtit la premiere
ville

ville du monde, pour s'en former un asyle.

Seth, troisieme fils d'Adam, & qui lui fut donné pour le consoler de la perte du juste Abel, lui succéda : sa piété & celle de ses enfans leur mérita le nom d'enfans de Dieu ; au lieu que ceux de Caïn furent appellés enfans des hommes.

# CHAPITRE V.

## Des premiers Patriarches.

D. *Quels sont les premiers Patriarches depuis Seth jusqu'au déluge ?*

R. En voici les noms par ordre chronologique.

*Enos*, an du monde 235. Il fut le premier qui invoqua le nom du Seigneur.

*Cainam*, an 325.

*Malaleel*, an 395.

*Jared*, ....an 460.

*Henoc*, ...an 622. Après avoir vécu 365 sur la terre, Dieu l'enleva d'entre les hommes pour couronner sa vertu, & l'Ecriture nous apprend qu'il doit paroître à la fin des siecles, pour combattre avec Elie contre l'Antechrist.

*Mathusalem*, an 687. Il a vécu 969

ans, c'est celui de tous les hommes qui a poussé plus loin sa carriere.

*Lamech*, an 874. De son tems on vit commencer les arts. Tubalcaïn, son petit-fils, inventa la maniere de mettre en œuvre l'airain & le fer. Jubal, un autre de ses descendans, inventa quelques instrumens de musique.

*Noé*, an 1056, qui eut trois fils, appellés dans l'Ecriture, *Sem, Cham & Japhet.*

D. *Quelle fut l'origine des Géans ?*

R. Ils naquirent du commerce des enfans de Dieu avec les filles des hommes. C'est-à-dire de l'union charnelle des descendans de *Seth* avec les descendans de Caïn.

D. *Quelles furent les suites de ce commerce?*

R. Une corruption générale infecta cette premiere race des hommes, les crimes se multiplierent sur la terre, au point que Dieu résolut d'exterminer par un déluge universel tout ce qui avoit vie. L'Ecriture nous donne, en peu de mots, une idée de cette dépravation totale, en nous disant que toute chair avoit corrompu ses voies, & que Dieu se repentit d'avoir formé l'homme.

D. *N'y avoit-il aucun juste sur la terre qui pût appaiser le Seigneur?*

R. Noé seul avoit persévéré dans la

justice ; c'est pourquoi il trouva grace devant Dieu, & il fut choisi lui & ses enfans pour survivre à la ruine du genre humain, & pour repeupler la terre de nouveaux habitans.

D. *De quel moyen Dieu se servit-il pour conserver Noé & toute sa famille ?*

R. Il lui ordonna de se bâtir une arche, c'est-à-dire, une espece de vaisseau d'un bois incorruptible, propre à se soutenir sur les eaux, & d'une assez grande capacité pour contenir un mâle & une femelle de toutes les especes d'animaux qui existoient pour lors : il fut cent ans à construire cet asyle, lesquels étant expirés, & tout étant accompli selon l'ordre du Seigneur, Noé entra dans l'arche avec toute sa famille, & Dieu en ferma la porte au dehors, & dès-lors les cataractes du Ciel s'ouvrirent ; il tomba pendant quarante jours & quarante nuits, une pluie si abondante, que les eaux s'éleverent quinze coudées au dessus des plus hautes montagnes, & tout fut submergé : les pluies cesserent enfin, les eaux commencerent à s'écouler & à diminuer, & l'arche s'arrêta sur les montagnes d'Arménie.

D. *Quelle réflexion peut-on faire sur cet événement tragique, en faveur de la Religion ?*

*R.* Nous pouvons , d'après les Saints Peres, regarder l'arche, comme le symbole de la Religion Chrétienne, hors de laquelle il n'eſt point de ſalut, comme il n'en fut point pour ceux qui ne furent point reçus dans l'arche. Nous pouvons encore comparer les impies, qui ſe moquent de notre prétendue crédulité, à ces premiers habitans de la terre, qui ſe rioient de la conſtruction de l'arche : ils couroient à leur perte ſans le ſavoir, tandis qu'ils auroient dû profiter de l'exemple & des conſeils du juſte Noé.

*D. Quand eſt-ce que Noé ſortit de l'arche?*

*R.* Il en ſortit par l'ordre de Dieu, un an après y être entré , & lorſqu'il eut compris par le retour de la colombe, que les eaux s'étoient diſſipées.

*D. Quelles furent les occupations de Noé, après être ſorti de l'arche?*

*R.* Son premier ſoin fut de rendre hommage à ſon Créateur, & de lui témoigner ſa vive reconnoiſſance pour le bienfait qu'il venoit d'en recevoir ; il s'appliqua enſuite avec ſes enfans, à la culture de la terre. On lui attribue la découverte de la vigne, dont il éprouva le premier la force du jus ; car en ayant pris avec excès, il s'endormit dans une poſture indécente , & fut expoſé à la raillerie de son second fils *Cham*, qui fut maudit de Dieu, pour avoir révélé la turpitude de son pere.

*D. Quel fut l'état de la terre après le déluge ?*

*R.* Elle sortit une seconde fois du sein des eaux, mais elle ne fut plus si fertile ; les fruits même qu'elle produisoit, n'eurent plus leur premiere salubrité, ni leur premiere force, parce que l'air chargé d'une humidité excessive, fortifia les principes de la corruption, & la nature fut en quelque sorte affoiblie. Triste suite du crime qui avertissoit les hommes que Dieu n'étoit pas encore totalement appaisé.

---

# CHAPITRE VI.

### Des Patriarches après le déluge.

*D.* QUEL est l'ordre qu'il faut suivre pour les Patriarches après le déluge ?

*R.* On ne doit compter que les descendans de *Sem*, dont voici les noms par ordre chronologique.

*Sem*, an du monde....................1658.
*Arphaxad*, an du monde.........1693.
*Salé*, an du monde....................1725.

*Heber*, an du monde..............1757.
*Phaleg*, an du monde..............1787.
*Rehu*, an du monde..............1819.
*Saruch*, an du monde..............1849.
*Nachor*, an du monde..............1878.
*Tharé*, an du monde..............2008.

## A B R A H A M.

D. *Qu'arriva-t-il de remarquable dans ce tems-là ?*

R. Les enfans de Noé s'étant multipliés, cet esprit d'orgueil qui avoit perdu nos premiers peres, & dont leurs descendans portoient le germe impur, les aveugla jusqu'au point de vouloir s'élever jusqu'aux cieux : ils essayerent en conséquence de bâtir une tour dont l'extrêmité pût y atteindre.

D. *Quel nom donne-t-on à cette tour ?*

R. Babel, c'est-à-dire, confusion, parce que Dieu voulant confondre la témérité de cette entreprise, permit que ceux qui y travailloient ne s'entendissent pas, & que par la diversité du langage, on fût hors d'état de se servir mutuellement, ce qui suspendit entiérement l'ouvrage.

D. *En quel tems cette tour fut-elle bâtie ?*

R. Vers le tems *d'Arphaxad*, c'est-à-dire, l'an du monde 1693.

D. *En quel tems les enfans de Noé se partagerent-ils la terre?*

R. Environ un siecle après la confusion de Babel, c'est-à-dire, du tems de *Phaleg*, an du monde 1787. Ce partage se fit en cet ordre : *Japhet* eut l'Europe & l'Asie mineure; *Cham*, eut l'Afrique, avec le pays de Sennaar ; *Sem*, eut l'Asie orientale.

D. *Quelles étoient les mœurs de ce tems-là?*

R. La plus grande partie des hommes n'écoutoient que la voix de leurs passions, & après avoir perdu de vue la loi naturelle, loi sacrée que l'Eternel avoit gravée dans leurs cœurs, & qui étoit un censeur perpétuel de leurs vices, ils s'abandonnerent à l'idolâtrie, & ne voulurent plus reconnoître d'autres Dieux, que ceux qui leur laissoient une pleine liberté de s'y livrer. Les objets sensibles reçurent d'abord leurs adorations; ils se replierent ensuite sur les êtres vivans: ils ne rougirent pas même d'adorer leurs semblables. Ce crime de l'esprit fortifia la dépravation du cœur, & le désordre eût été général, si le Seigneur ne se fût conservé un petit nombre d'adorateurs, dans le secret de sa face.

# CHAPITRE VII.

### De la vocation d'Abraham.

**D.** QU'ENTENDEZ-VOUS *par la voca-*
*tion d'Abraham ?*

*R.* J'entends la maniere singuliere dont
Dieu le choisit pour être la tige d'un
peuple, qui s'attachât particuliérement
à son culte, & pour se former au milieu
de la corruption générale une nation
sainte qui pût concourir aux desseins de
miséricorde qu'il avoit sur les hommes.

**D.** *Donnez-nous une idée de l'histoire*
*d'Abraham.*

*R.* Abraham étoit originaire de la
ville d'*Ur*, en Chaldée : il descendoit
de Noé, par cette suite de Patriarches
que nous avons déjà nommée. Dieu
lui ordonna de sortir de son pays, &
d'abandonner la maison de son pére ;
il obéit, il quitta la Chaldée ; il vint en
Mésopotamie, avec son pere Tharé, &
son frere Nachor ; & pour récompenser
son obéissance, Dieu lui promit de le
rendre le pere d'un grand peuple, &
de donner à ses descendans une terre

d'où couleroit le lait & le miel. Il remporta une victoire sur Codorlahomor, Roi des Elamites, qui avoit insulté son neveu Loth ; il le délivra, fit un grand butin sur le Roi des Elamites, qu'il partagea avec Melchisedech, Roi de Salem.

Abraham, n'ayant point d'enfans de Sara sa femme, épousa Agar sa servante, de laquelle il eut un fils qu'il nomma Ismaël : il fut obligé de la renvoyer avec son fils, qui devint le chef des Ismaélites. Ce fut alors que Dieu ordonna à Abraham de se circoncire avec toute sa famille, en signe de l'alliance qu'il contractoit avec lui & sa postérité.

D. *Quel fut le genre de vie d'Abraham ?*

R. Quoique très-riche, il mena une vie simple & pastorale, craignant Dieu & conservant la paix avec son prochain ; la conduite qu'il tint avec Loth son neveu, est une preuve & de son désintéressement & de la douceur de son caractere. La vertu qui le distingue des autres Patriarches, est une foi très-vive & très-simple en même tems. Il exerçoit l'hospitalité avec une piété qui lui attira plus d'une fois le bonheur de recevoir dans sa maison des intelligences célestes. C'est dans une de ces circonstances, que lui fut promis un fils, de la race duquel devoit sortir le Messie: il crut sans hésiter à la parole de l'ange, quoique sa femme fût stérile, & qu'elle fût alors âgée de 90 ans, & lui de 100. L'effet justifia la promesse; un an après, il eut un fils qu'il appella Isaac: quelque tems après, Dieu voulut éprouver son obéissance & sa foi, en lui ordonnant de sacrifier ce fils unique, qui étoit le fondement de toutes ses promesses; il se disposa sans balancer à exécuter cet ordre, quelque rigoureux qu'il fût, & quelqu'opposé qu'il parût à ses espérances: il fit taire les murmures de la nature. Mais dans l'instant qu'il alloit frapper la victime, Dieu satisfait des dispositions de la foi & de l'obéissance de son serviteur, lui envoya un ange pour rétracter ses ordres, & après avoir exalté sa fidélité, lui renouvella & lui confirma toutes ses promesses d'une maniere encore plus positive & plus expresse.

*D. Qu'y a-t-il à remarquer sur cette partie de l'histoire?*

*R.* Elle doit être considérée comme le second âge, & pour ainsi dire l'adolescence des enfans de Dieu: elle comprend leur alliance avec le Seigneur; les premiers accroissemens du peuple choisi sous les Patriarches. Ses fondateurs les plus célebres sont *Abraham, Isaac, Jacob, Joseph & Moïse.*

D. *Arriva-t-il quelqu'événement remarquable du tems d'Abraham ?*

R. L'incendie de Sodome & de Gomorrhe, par une pluie de soufre & de feu, en punition des crimes horribles des habitans de ces deux villes. Abraham essaya de désarmer le courroux du ciel, & il eût obtenu des ministres de ses vengeances le pardon des coupables, si on avoit pu trouver seulement cinq justes dans ces villes infortunées. Mais il ne put sauver que son neveu Loth & sa famille, dont la femme fut changée en statue de sel, pour avoir regardé ces villes incendiées, contre la défense qu'elle avoit reçue de l'ange.

D. *Que nous apprend l'histoire touchant Isaac ?*

R. Elle nous apprend sa naissance comme miraculeuse, sa soumission aux ordres de son pere qui étoit prêt à le sacrifier, son mariage avec Rebecca fille de Bathuel, de laquelle il eut deux enfans, Esaü & Jacob, dont le premier vendit à son frere son droit d'aînesse pour un plat de lentilles. Par le conseil de Rebecca sa mere, qui avoit une prédilection pour lui, Jacob surprit la bénédiction privilégiée d'Isaac son pere, qui ne voulut jamais la rétracter.

Esaü est regardé comme le symbole du peuple Juif, & même de tous les réprouvés. Jacob au contraire, nous représente la vocation des Gentils à la religion, & de tous les prédestinés à la grace & à la gloire.

*D. Après cet événement que devint Jacob?*

*R.* Il se sauva chez Laban son oncle, pour éviter la colere de son frere Esaü. Dans son voyage un ange lui donna le nom d'Israël, après avoir lutté toute la nuit avec lui. Il servit sept ans chez son oncle pour obtenir Rachel en mariage, qu'il lui refusa après ce terme ; lui faisant épouser Lia son autre fille, par une ruse qu'on ne sauroit approuver : on lui promit enfin Rachel, à condition qu'il serviroit encore sept années ; ce qu'il accepta. Il revint dans sa patrie après l'avoir épousée, avec de grandes richesses, de nombreux troupeaux, & beaucoup de domestiques ; se croyant en état de se défendre contre son frere, s'il osoit l'attaquer : mais s'étant rencontrés, ils s'embrasserent & vécurent en bonne intelligence.

Jacob eut douze fils, qui furent les chefs d'autant de tribus auxquelles ils donnerent leurs noms, & qui formerent le peuple d'Ifraël jufqu'à la divifion. Voici les noms des fils de Jacob, & par conféquent des tribus. Rubem, Simeon, Levi, Juda, Dan, Nephtali, Gad, Afer, Ifachar, Zabulon & Benjamin.

*D. Jacob n'eut-il pas d'autre fils ?*

*R.* Il en eut encore un appellé Jofeph, dont les defcendans formerent dans la fuite une double *tribu* : il fut vendu par fes freres, & tranfporté en Egypte.

*D. Donnez-nous en abrégé l'hiftoire de ce Patriarche ?*

*R.* Jofeph ayant fait part à fes freres d'un fonge myftérieux qui préfageoit fa future grandeur, ils conçurent contre lui la plus baffe jaloufie, que la prédilection de Jacob leur pere ne faifoit qu'augmenter. Ils formerent enfin le projet de le tuer, lorfqu'il iroit au champ ; ce qu'ils auroient exécuté, fi Rubem ne les eût empêchés de fe fouiller de ce crime, en leur confeillant, pour l'arracher de leurs mains, de le vendre à des marchands Ifmaélites, qui pafferent par hazard lorfqu'on étoit fur le point de l'égorger. Ces marchands le vendirent à leur tour, comme un efclave à Putiphar, un des officiers de Pharaon, roi d'Egypte, dont la femme éprife de la plus violente paſſion, le ſollicita plus d'une fois à des actions criminelles; ſa réſiſtance & ſa pudeur aigrirent ſi fort l'eſprit de cette femme impudique, qu'elle réſolut de le perdre, en l'accuſant d'avoir voulu la ſéduire. Victime de ſa calomnie, il fut mis dans les fers, où Dieu prit ſoin de ſon innocence, en le rempliſſant de ſon eſprit; & lui découvrant le ſecret des cœurs & les myſteres de l'avenir: il expliqua d'une maniere ſi poſitive, les ſonges de deux priſonniers qui étoient avec lui, & les ſuites furent ſi conformes à ſes prédictions, qu'il fut appellé pour interpréter ce ſonge fameux du Roi lui-même, qui plein de vénération pour ſa ſageſſe, & de confiance pour ſa probité, lui donna dans tout ſon royaume, une autorité preſqu'égale à la ſienne, afin qu'il pût prévenir les maux qui menaçoient l'Egypte, & qu'il avoit prédits. Ainſi par un ordre ſecret de la Providence, il devint le ſauveur de ſes freres qui l'avoient trahi: & qui preſſés par la famine, furent obligés d'aller profiter des reſſources qu'il s'étoit prudemment ménagées pendant l'abondance.

*D. Quelles vertus devons-nous admirer dans Joſeph?*

*R.* La candeur, l'innocence, une grande pureté, une générosité au-dessus des injures les plus atroces, une prudence consommée forment son caractere.

*D. Quelles réflexions peut nous fournir la conduite de Dieu à l'égard de Joseph ?*

*R.* Elle nous apprend que s'il afflige le juste, c'est pour le consoler dans sa miséricorde ; s'il l'humilie, c'est souvent pour l'élever & pour le glorifier ; & qu'il n'abandonne jamais ceux qui le servent dans la pureté de leur cœur : elle nous apprend à adorer ses desseins impénétrables, & à nous soumettre sans murmure à sa volonté.

*D. Que se passa-t-il de remarquable à la mort de Jacob ?*

*R.* Il fit approcher tous ses enfans qui l'avoient suivi en Egypte après la découverte de leur frere Joseph, que ce saint Patriarche avoit long-tems pleuré comme mort, & leur donna à tous une bénédiction particuliere ; bénédiction, qui, outre des vœux pour leur bonheur & leur prospérité, renfermoit encore pour chacun d'eux, une prédiction de ce qui devoit leur arriver ; & quand il vint à Juda, il lui dit ces paroles remarquables : *le sceptre ne sortira point de Juda, & l'autorité suprême subsistera toujours dans* cette tribu, jusqu'à l'arrivée de celui qui doit être envoyé, & qui fait déjà l'objet des vœux & de l'attente des nations, &c. Paroles qui ne peuvent s'entendre, ni s'appliquer qu'au Messie. Ainsi Jacob joint à sa qualité de Patriarche celle de premier Prophete; & son oracle est de tous les oracles le plus exprès, & confondra toujours la criminelle opiniâtreté du juif déicide.

*D. Que devint la postérité de Jacob & de Joseph en Egypte ?*

R. Elle s'accrut & se multiplia si prodigieusement, que Pharaon poussant la politique jusqu'à la crainte, donna ordre à toutes les sages-femmes, de faire périr tous les enfans mâles des Hébreux, en les précipitant dans le Nil : & ce fut dans cette circonstance que Dieu suscita Moïse, pour délivrer son peuple de cette oppression.

## CHAPITRE VIII.

*De la vocation de Moïse & de son ministere.*

D. *Que nous apprend l'Histoire touchant Moïse ?*

R. Moïse étoit fils d'Amram de la

tribu de Levi. Il fut exposé dès sa naissance sur les eaux du Nil, dans une petite corbeille de joncs, conformément à l'ordre que Pharaon avoit donné de faire périr tous les mâles des Hébreux. La main de Dieu conduisit la fille de Pharaon, pour se laver dans le Nil : elle apperçut cette petite barque flottante, & touchée de compassion pour l'enfant qu'elle renfermoit, elle l'en retira, lui donna le nom de Moïse, qui signifie *sauvé des eaux*, & le fit élever avec beaucoup de soins à la Cour de Pharaon, son pere. Moïse fit de très-grands progrès dans la science des Egyptiens. Parvenu à l'âge de quarante ans, comme il alloit joindre ses freres, il vit un Egyptien qui maltraitoit un Israélite, & il tua l'Egyptien, ce qui l'obligea de prendre la fuite, & de se retirer chez Jethro son beau-pere : il s'occupa à paître les troupeaux, qu'il abandonnoit quelquefois pour se livrer à la priere. Un jour qu'il s'étoit retiré pour y vaquer avec plus de liberté sur la montagne d'Oreb, Dieu lui apparut du milieu d'un buisson ardent, & lui ordonna d'aller trouver Pharaon, pour lui déclarer de sa part de laisser sortir son peuple de son royaume, afin qu'il lui sacrifiât dans le défert : Moïfe s'excufa fur fon incapacité, parce qu'il avoit un défaut de langue ; mais Dieu lui réitéra fes ordres, & lui affocia, pour cette grande entreprife, fon frere Aaron. Moïfe obéit donc, & fut intimer à Pharaon, l'ordre de Dieu. Il épouvanta ce Roi politique par divers prodiges, pour établir & pour foutenir fa miffion ; mais ce Prince, dont le cœur étoit endurci, réfifta également, & à la voix de Moïfe, & à celle des prodiges : en conféquence Dieu ordonna à Moïfe de frapper l'Egypte de différentes plaies : la premiere fut le changement des eaux en fang ; la feconde une multitude prodigieufe de grenouilles : ce que Dieu permit que les Mages de Pharaon exécutaffent auffi pour affoiblir les prodiges de Moïfe dans l'efprit du Roi, & pour endurcir encore plus fon cœur ; mais comme ce Dieu de vérité ne la dérobe jamais aux hommes, & qu'il leur fournit toujours des moyens fûrs pour la difcerner de l'erreur, le pouvoir des Mages ne s'étendit pas plus loin, & ils firent de vains efforts pour imiter Moïfe dans la troifieme plaie, dont il affligea l'Egypte, par une quantité fi grande de moucherons, & dont la piquure étoit si mauvaise, que Pharaon, pour faire cesser ce fléau, promit de se rendre à la volonté du Seigneur ; mais le danger étant passé, il rétracta sa parole, & Moïse frappa l'Egypte d'une quatrieme plaie, par des mouches innombrables, auxquelles la peste succéda, & ce fut la cinquieme plaie : des ulceres pleins d'infection suivirent, & ce fut la sixieme ; la septieme fut une grêle générale, qui ravagea toutes les campagnes; la huitieme un nombre presqu'infini de sauterelles, qui détruisirent ce que la grêle avoit épargné; la neuvieme, des ténèbres si épaisses, que les Egyptiens ne pouvoient sortir de leur maison : tous ces fléaux étoient précédés & suivis du consentement de Pharaon pour la sortie du peuple d'Israël, consentement qu'il rétractoit tout de suite ; par cette conduite il aigrit tellement la colere de Dieu, qu'il se détermina à frapper l'Egypte d'une derniere plaie, plus terrible que toutes les autres ; mais il donna auparavant divers ordres à Moïse.

D. *Quels furent ces ordres ?*

R. Dieu ordonna à Moïse de faire célébrer la premiere Pâque, par les Israélites, & lui prescrivit toutes les cérémonies qu'on devoit y observer,

ajoutant que toutes les années à pareil
jour, ils feroient la même chose, en
mémoire de leur délivrance & du prodige qui la suivit. Les Israélites ayant
exécuté les ordres du Seigneur, &
ayant teint le sommet de leur porte du
sang de l'agneau qu'ils avoient mangé,
selon l'ordre qu'ils en avoient reçu,
l'ange exterminateur frappa de mort
dans la même nuit, tous les premiers
nés des Egyptiens, dont les maisons
n'étoient point teintes de sang. Dans
la consternation générale, qu'occasionna un événement aussi tragique,
Pharaon permit enfin aux Israélites de
sortir de ses états : ils profiterent de cet
instant de terreur, & se chargerent des
plus riches dépouilles, que le souve-
rain dispensateur des biens leur ordonna d'emporter. Après quelques campe-
mens dans le désert, ils arriverent
enfin sur les bords de la mer Rouge ;
& c'est-là, que Dieu fit éclater en leur
faveur la puissance de son bras. Car,
poursuivis par Pharaon, qui se repen-
toit déjà de leur avoir laissé la liberté
de sortir de son royaume ; outré d'ailleurs qu'ils lui eussent enlevé tant de
richesses, ils ne pouvoient échapper à
sa vengeance, qu'en se précipitant dans

la mer. Moïse, par l'ordre de Dieu
même, étendit sa baguette sur les eaux,
& à l'instant elles se diviserent, &
s'élevant des deux côtés comme une
espèce de rempart, lui donnerent un
libre passage à la vue de l'armée de
Pharaon, qui voulant profiter du même
avantage, pour poursuivre les Israélites, fut entiérement submergée avec
son chef ; tandis que Moïse & les
siens, chantoient sur l'autre rive un
cantique de louanges & d'actions de
grace à l'Eternel.

*D. Comment doit-on regarder le pas-*
*sage de la mer Rouge?*

*R.* Comme un de ces prodiges qui
annoncent une protection visible du
ciel : il n'est pas possible, en effet, d'i-
maginer que six cens mille hommes,
sans compter les femmes, les enfans
& les bagages, puissent traverser à
sec une étendue de mer très-considéra-
ble, sans crainte, sans danger & sans
le moindre accident, par un fait purement naturel : tandis que leurs ennemis enhardis par leur exemple, courent
à leur perte en suivant la même route.

*D. Outre le merveilleux du fait en lui-*
*même, le passage de la mer Rouge ne nous*
*offre-t-il aucune figure?*

*R.* Les auteurs sacrés ont vu dans ce passage miraculeux, la figure du baptême dans lequel nos vices, figurés par les Egyptiens, sont ensevelis : ils ont aussi regardé la cérémonie de la Pâque, qui avoit précédé ce prodige, comme une figure de l'eucharistie.

*D. Après ce grand événement, que devint le peuple Hébreu ?*

*R.* Dieu ne l'avoit arraché à la tyrannie des Egyptiens, que pour le mettre en possession de la terre qu'il avoit promise à Abraham : mais l'inconstance & l'ingratitude de ce peuple suspendirent l'accomplissement de la promesse : il erra pendant quarante ans dans le désert, éclatant souvent en murmures contre Moïse, éprouvant tour-à-tour les plus terribles châtimens, & les bienfaits les plus consolans de la part du Seigneur.

*D. Moïse fut-il toujours pendant cet intervalle le seul conducteur du peuple de Dieu ?*

*R.* Il en fut toujours le chef principal ; mais fatigué des murmures de ce peuple volage, & pour se mettre à couvert de ses reproches, il se forma par l'ordre de Dieu un conseil, composé de ce qu'il y avoit de plus inté-

gre dans la nation, autant pour justifier ses démarches, que pour le sou-
lager dans les pénibles fonctions de
son ministère.

## CHAPITRE IX.

*De la Loi écrite donnée aux Israélites.*

D. *E*N quel tems & en quel lieu Dieu pu-
blia-t-il ce que nous appellons la Loi de
Moïse ?

R. Elle fut publiée au milieu des
éclairs & des tonnerres, sur le mont
Sinaï, cinquante jours après la sortie
du peuple d'Israël de l'Egypte.

D. *Quelle fut la fin que Dieu se proposa en publiant cette loi ?*

R. Il n'eut d'autre but que d'étendre
la gloire de son nom, en se manifestant
aux hommes d'une maniere plus claire
& plus particuliere, & de retenir son
peuple sous l'appas des récompenses
& par la crainte des châtimens, dans
les justes bornes du devoir.

D. *En quoi consiste cette loi ?*

R. Si nous en séparons la partie des
cérémonies, qui ne fut publiée que peu-

à-peu, elle confiste en dix préceptes, contenus dans deux tables, qui renferment tous les devoirs de l'homme envers Dieu & envers le prochain.

*D. Pourquoi l'appelle-t-on la loi de Moïse ?*

*R.* Parce que Dieu l'ayant mis à la tête de fon peuple, il la lui donna à lui-même, pour qu'il la publiât, après avoir converfé avec lui pendant quarante jours fur la montagne; ou en perfonne, ou ce qui eft plus probable, par le miniftere d'un ange qui tenoit fa place & qui parloit en fon nom.

*D. Pendant ces quarante jours Dieu ne donna-t-il à Moïse que les dix commandemens de la loi ?*

*R.* Il lui traça encore la forme du culte extérieur & public qu'il exigeoit de fon peuple: il lui ordonna de faire conftruire le tabernacle, l'arche d'alliance, le propitiatoire, la table des pains des propofitions, le chandelier, l'autel des parfums, celui des holocauftes, la cuve d'airain, & généralement tout ce qui étoit néceffaire au culte & au facrifice.

*D. Pourquoi Moïse brifa-t-il, en defcendant de la montagne, les tables de la loi qu'il venoit de recevoir ?*

*R.*

*R.* Les Ifraélites furpris du long fé-
jour de Moïfe fur la montagne, fe
livrerent à l'impatience & aux murmures; des murmures ils paſſerent à
la défiance, & de la défiance à l'infidélité. Ils forcerent Aaron, qui les gouvernoit en l'abfence de Moïfe, de
leur fabriquer un dieu : intimidé par
leurs menaces, il fe fit apporter tout
ce qu'ils avoient en or, & en forma
un veau, qu'ils éleverent, qu'ils re-
connurent pour leur Dieu, & qu'ils
adorerent : Moïfe irrité de cette idolâtrie, dans un tranſport de zèle & de
colere, mit en pieces les tables de la
loi; regardant fon peuple comme in-
digne d'un fi grand bienfait : revenu
cependant de ce premier mouvement,
il fit de tendres, mais véhémens reproches aux coupables; & les ayant
difpofés au repentir, il obtint du
Seigneur, & leur pardon & deux tables femblables aux premieres, qui
furent par la fuite renfermées dans l'arche d'alliance.

*D. Quels ſont les principaux prodiges
que Dieu opéra en faveur des Ifraélites
dans le défert ?*

*R.* Il en fit conſtamment : les principaux ſont, 1°. la manne dont il les nourrit

jusqu'à ce qu'ils fuſſent arrivés dans la terre promiſe ; elle réuniſſoit toutes les faveurs, afin qu'elle ne devînt point inſipide par le long uſage ; elle tomboit réguliérement tous les jours, excepté celui du ſabbat, pour lequel ils étoient obligés de ſe pourvoir la veille ; elle tomboit ce jour-là en plus grande quantité. Ce fut-là leur unique nourriture : ſi l'on en excepte des cailles, que Dieu leur accorda pour punir leurs murmures, & dont ils ſe dégoûterent bientôt.

2°. Le changement des eaux ameres de Marath en eaux douces.

3°. Différentes victoires ſur les princes qui s'oppoſoient à leur paſſage ; tels que les rois de Chanaan, des Amorrhéens & de Baſan.

4°. La ſource abondante d'eau excellente, tirée d'un rocher par le ſeul attouchement de la baguette de Moïſe.

5°. Le changement de Balaam envoyé par Balac, roi des Moabites, pour faire des imprécations ſur le peuple d'Iſraël, & qui ne pouvant réſiſter à l'eſprit du Seigneur, prononça ſur lui les plus abondantes bénédictions, par trois fois différentes : ce changement du prophete fut précédé d'un prodige éclatant ; car l'ânesse qu'il montoit, ne voulant point avancer parce qu'elle voyoit devant elle l'ange du Seigneur armé d'un glaive, & pressée par les coups, se répandit en reproches contre Balaam, qui surpris de ce que Dieu avoit délié les organes de cet animal, & appercevant à son tour l'ange du Seigneur, fut saisi de crainte & reconnut sa faute.

6°. Cette nuée merveilleuse, qui couvroit le peuple d'Israël dans sa marche pendant le jour, autant pour le dérober à ses ennemis, que pour le garantir des ardeurs du soleil, & qui l'éclairoit pendant les ténebres.

D. *Quelle fut la conduite d'Israël envers Dieu ?*

R. Ce peuple conserva toujours son inconstance & sa grossiéreté ; esclave de ses sens & des biens terrestres, la moindre épreuve, le moindre besoin, la plus petite infortune, la plus légere incommodité suffisoit pour le déterminer à la révolte, non-seulement contre ses chefs, mais contre Dieu même, qu'il eût abandonné plus d'une fois, si les plus terribles châtimens n'avoient prévenu son infidélité.

C 2

*D. Quels furent les châtimens dont Dieu affligea son peuple dans le désert ?*

*R.* Il en fut de généraux, qui tomberent sur tout le peuple, ou du moins sur une partie assez considérable. Tel fut le massacre qui suivit l'idolâtrie du veau d'or, dans lequel les enfans de Levi firent périr par le glaive vingt-trois mille hommes. Il en périt par le feu du ciel quatorze mille & sept cens, après la révolte de Coré, Dathan & Abiron qui avoient été engloutis dans le sein de la terre avec deux cens cinquante de leurs partisans. La morsure du serpent en extermina un plus grand nombre encore ; & ce fléau eût entiérement détruit ce peuple murmurateur, si Dieu, à la priere de Moïse, ne leur eût donné le serpent d'airain, comme un remede contre leurs maux. Il leur suffisoit de le regarder pour être guéris.

Il fut aussi des châtimens particuliers ; tels, par exemple, que celui de Nadab & d'Abiu consumés par un tourbillon de feu, pour s'être servis dans le tabernacle d'un feu étranger. La sœur de Moïse fut frappée d'une lepre universelle pour avoir murmuré contre ce législateur ; Coré, Dathan & Abiron furent aussi confondus pour le même crime , &c. Moïse lui-même & Aaron furent exclus de la terre promise, pour avoir frappé deux fois le rocher d'où ils firent sortir de l'eau, selon la promesse du Seigneur, ce qui marquoit un peu de défiance.

Le châtiment le plus terrible & le plus général, fut l'exclusion de la terre promise, pour tous ceux qui avoient atteint leur vingtième année lors de la sortie de l'Egypte, à l'exception de Caleb & de Josué.

*D. Combien de tems les Israëlites errerent-ils dans le désert ?*

*R.* Pendant l'espace de quarante ans, que Moïse sous la conduite du Seigneur, employa à les instruire, à les affermir dans le culte du vrai Dieu, & à leur donner ces loix cérémoniales & politiques qui les distinguent de tous les peuples ; loix si bien accommodées au génie & au caractère de ce peuple charnel, qu'il est impossible d'y méconnoître la main du Dieu qui les a dictées, & qui sonde les cœurs & les reins : loix qui, sous des voiles & des figures, en présagent de plus parfaites pour l'avenir, & qui annoncent aux peuples un législateur plus grand que Moïse, qui sera néanmoins suscité du milieu de ses freres, puisqu'il devoit sortir de la tribu de Juda, ce qu'on ne peut entendre que de J. C. le vrai Messie, en qui la loi & les prophetes ont pris fin : loix que Moïse, avant que de mourir, prit soin de rédiger, leur ordonnant de les transcrire sur les pierres de l'autel, qu'il leur prescrivit de dresser au Seigneur lorsqu'ils auroient passé le Jourdain ; & dont il fit déposer l'original auprès de l'arche d'alliance.

*D. Que fit Moïse de remarquable avant sa mort ?*

*R.* Il composa un cantique célebre, dans lequel il rappelle les prodiges que Dieu avoit opérés en faveur de son peuple ; releve sa puissance & sa gloire, & reproche aux Israélites leur ingratitude & leur légéreté. Il bénit toutes les tribus en particulier, leur prédit tout ce qui devoit leur arriver, & leur donne des conseils & des préceptes : il imposa les mains à Josué, fils de Nun, qu'il désigna son successeur ; parce qu'il étoit rempli de l'esprit de force & de sagesse : & s'étant retiré sur la montagne de Nebo, d'où Dieu lui fit voir la terre de Chanaan, dont il avoit demandé l'entrée au Seigneur fans être exaucé, il y mourut âgé de cent vingt ans, & fut enféveli fecretement, fans doute par le miniftère des anges ; car on ignore encore le lieu de fa fépulture.

*D. Donnez-nous en peu de mots l'idée du caractère de Moïse & des vertus qui le diftinguerent ?*

*R.* L'Écriture le loue principalement fur fa douceur ; il parle lui-même de fon défintéreffement, en difant qu'il n'a jamais rien exigé des enfans d'Ifraël, quoiqu'il fût leur chef, & qu'il fe fût facrifié pour leur gloire & leur bonheur. Son zèle pour Dieu éclata dans plus d'une rencontre, & il nous paroîtroit peut-être trop févere, fi nous ne favions qu'en puniffant les crimes de fon peuple, il ne faifoit qu'exécuter les ordres du Seigneur. Par lui-même il eût pouffé l'indulgence jufqu'à l'impunité ; & il défarma plus d'une fois par fes prieres le bras du tout-puiffant ; il défira même d'être effacé du livre de vie, plutôt que de voir périr le peuple qui lui étoit confié. Il joignoit à beaucoup d'activité, une grande prudence & un jufte difcernement ; ces grandes qualités parurent dans les différens choix qu'il fit de ceux qui devoient partager avec lui l'autorité & le gou-vernement : aussi n'y eut-il jamais de prophete plus favorisé que lui, & qui eût un commerce si particulier & si intime avec la Divinité. Dieu l'avoit environné d'une portion de sa gloire & de sa majesté, comme il lui avoit communiqué une partie de sa puissance.

D. *Dans les différens événemens que nous venons de toucher, qu'y a-t-il qui puisse se rapporter à la religion chrétienne?*

R. Le symbole le plus frappant est ce serpent d'airain élevé dans le désert, qu'il suffisoit de regarder pour recouvrer la santé & la vie ; & qui, au jugement de tous les interpretes, nous figure J. C. élevé en croix, qui nous rend par ses souffrances la vie éternelle que nous avions perdue. Nous trouverons dans la manne un emblême de l'euchariftie, qui est le vrai pain de vie descendu du ciel. La loi elle-même prise dans toutes ses parties, n'est que le type de celle de J. C. aussi a-t-elle été abrogée dès que ce législateur suprême a publié la sienne : elles font entr'elles comme le parfait est au moins parfait, & la réalité à la figure.

D. *Quel fut l'état politique du peuple de Dieu après la mort de Moïse?*

*R.* Il fut gouverné par des juges qui exerçoient, sous Dieu même, l'autorité souveraine : ainsi le gouvernement continua d'être théocratique. C'est ce que nous verrons dans le chapitre suivant.

# CHAPITRE X.

## *Du Gouvernement des Juges.*

*D.* QUEL *fut le premier juge d'Israël après Moïse ?*

*R.* Josué, fils de Nun, qui, comme nous l'avons déjà vu, fut élu par Moïse même ; il fut un de ceux qu'il avoit envoyés pour parcourir la terre de Chanaan, & en faire le rapport au peuple : ce fut lui aussi qui introduisit les Juifs dans cette terre promise, & que Dieu avoit choisi pour conduire ce grand événement.

*D. Rapportez-nous en peu de mots ce qui se passa de plus remarquable dans la conquête de la terre promise ?*

*R.* Josué ayant pris les rênes du gouvernement, envoya deux hommes à Jéricho, qui étoit la premiere place qui se présentoit au-delà du Jourdain, pour la reconnoître. Ils n'euffent point échappé aux pourfuites du roi de Jéricho, fans la pieufe feinte de Rahab, qui les avoit reçus dans fa maifon, qui les cacha & qui favorifa leur fuite : auffi fut-elle épargnée dans le maffacre général, fuivant la promeffe des députés. Et, fur leur rapport, Jofué fe mit en marche, ayant à la tête de fes troupes l'arche du Seigneur. Arrivé fur les bords du Jourdain, Dieu fit éclater fa puiffance en faveur de fon peuple ; car les eaux de ce fleuve fe féparerent comme celles de la mer Rouge, & laifferent un libre paffage aux Ifraélites, dont l'approche jetta la confternation dans le pays de Chanaan. Dès que les Ifraélites eurent paffé le Jourdain, la manne ceffa de tomber, parce qu'ils pouvoient fe procurer de la nourriture dans la terre que le Seigneur leur avoit donnée : ils s'avancerent donc vers Jéricho, & ayant fait pendant fix jours le tour des murs de cette ville dans le filence, le feptieme ils le firent au fon des trompettes, & les murs croulerent, fuivant la promeffe du Seigneur, qui avoit prefcrit lui-même à Jofué la maniere dont il devoit fe conduire dans cette expédition. Jéricho prife, Josué poussa ses conquêtes ; elles ne pouvoient être que très-rapides, puisque le bras du Dieu des armées combattoit pour lui : aussi, ce chef d'Israël fit dans plus d'une rencontre, des actions d'une valeur & d'un courage à toute épreuve. On compte jusqu'à trente-un rois vaincus & défaits par Josué, tant en deçà qu'en delà du Jourdain : la plus célebre de ses victoires, est celle qu'il remporta contre cinq rois qui s'étoient ligués pour se venger des Gabaonites, qui avoient fait alliance avec lui, après la prise & la destruction entiere des villes de Jéricho & de Haï. C'est dans cette victoire que n'écoutant que son zèle & sa valeur, Josué, pour avoir le tems d'exterminer tous ses ennemis, commanda au soleil de s'arrêter ; & cet astre du jour, docile à sa voix, suspendit la célérité de sa course.

*D. Quelles furent les suites de cette victoire ?*

*R.* La mort des cinq rois ligués, que Josué fit périr, après les avoir retirés de vive force de la caverne où ils s'étoient cachés : des victoires multipliées sur les différens ennemis que son entreprise lui suscita ; & enfin la paisible possession de la terre que Dieu avoit promise à ses peres.

D. *Quelle fut la conduite de Josué après ce grand événement ?*

R. Il dressa un autel au Seigneur, sur les pierres duquel il fit graver le deutéronome, ou le livre de la loi, selon l'ordre qu'il en avoit reçu de Moïse. Il fit ensuite le partage de la terre de Chanaan aux douze tribus ; assignant à chacune la portion de terrein & les villes qui lui convenoient. La tribu de Levi n'eut point de part à ce partage ; on lui accorda seulement quarante-huit villes & leurs banlieues pour les habiter : les dîmes, les oblations & les sacrifices, pour entretien & pour nourriture. Il établit aussi six villes privilégiées, tant en-deçà qu'au-delà du Jourdain, pour servir de refuge aux malheureux. Il mourut enfin comblé de gloire, après avoir exhorté son peuple à servir constamment le Dieu qui l'avoit si visiblement protégé, & si libéralement enrichi ; lui promettant de plus grandes récompenses s'il étoit fidele : mais lui faisant entrevoir les plus terribles malheurs, s'il prévariquoit dans ses voies. Il étoit âgé de cent dix ans, & fut enterré sur la montagne d'Éphraïm.

*D. Quel étoit le caractere de Josué, & les principales vertus qu'il a pratiquées ?*

*R.* Un caractere ferme, incapable de se démentir ; au-dessus des préjugés & des caprices ; grand sans ambition, soumis sans bassesse, vrai dans toutes ses démarches ; ne se prévalant point de sa vertu, n'écoutant que la voix du devoir & de sa conscience, indépendant de toute considération humaine. Voilà en peu de mots le portrait de Josué ; c'est celui d'un grand homme & d'un véritable Israélite. L'Ecriture loue sa foi, son zèle & sa valeur, sa constance à servir le Seigneur, & à lui rester fidele au milieu d'un peuple d'ingrats & de murmurateurs, est peut-être la vertu qui le distingue le plus. Il étoit si sévere observateur des loix, qu'il fit lapider Achan, pour avoir réservé une partie du butin, fait dans la prise de Haï.

*D. Quel fut le sort du peuple d'Israël après la mort de Josué ?*

*R.* Il continua d'être gouverné par des juges, dont le premier après Josué fut Judas, qui s'associa son frere Simeon, avec qui il remporta plusieurs victoires sur les nations, & rendit tributaires les habitans de Chanaan. Le der-

nier des juges d'Ifraël fut Samuel ; &
ce fut lui qui facra le premier roi de
ce peuple, comme nous le verrons
dans la fuite. Pendant cet intervalle,
Ifraël toujours ingrat, toujours volage,
abandonna plufieurs fois le Dieu de
fes peres : le commerce qu'il avoit
avec les nations le rendit prévaricateur, & il adora à plufieurs reprifes
des dieux qu'il auroit dû brifer, &
dont il avoit connu plus d'une fois l'im-
puiffance. Il ne revenoit cependant de
fon erreur, que lorfque le Seigneur
l'abandonnoit à fon tour, & puniffoit
fon inconftance & fon crime, en le
livrant à la tyrannie de fes ennemis.

*D. Quelles furent les fervitudes du
peuple d'Ifraël fous le gouvernement des
juges ?*

*R.* On en compte fix, qui répondent
à autant de prévarications de ce peuple.

La premiere arriva fous Chufan, roi
de Méfopotamie, elle dura huit ans ;
& il fut délivré par Othoniel, frere
cadet de Caleb, qui triompha de ce
prince. Ifraël fut en paix enfuite pendant quarante ans.

La feconde fous Eglon, roi des Moabites ; elle dura dix-huit ans. Aod
arracha la vie à ce roi dans fon propre

palais ; & fondant ensuite sur les Moabites avec ses troupes, il en massacra environ dix mille, & la servitude cessa : elle fut suivie d'une paix d'environ quatre-vingts ans.

La troisieme sous Jabin, roi de Chanaan ( elle dura vingt ans ) ; la prophétesse Debora, secondée par Barac, délivra son peuple. Sisara, général de Jabin, fut entiérement défait dans une bataille, & fuyant lui-même les vainqueurs, il se refugia chez Jahel, femme de Haber, qui lui enfonça un clou dans la tête, dans le tems qu'il dormoit, & le livra à Barac qui le poursuivoit. Après cette victoire, Israël jouit d'une paix de quarante ans.

La quatrieme fut celle que les Madianites lui firent essuyer, & qui dura sept ans. Gédéon fut choisi pour délivrer le peuple de Dieu : le double miracle de la rosée, fut la preuve & de sa mission & de la puissance de celui qui l'envoyoit : il remporta une victoire signalée sur Madian, & la paix régna pendant quarante ans qu'il gouverna Israël. Après la mort de Gédéon, Abimelech, fils de Gédéon, qu'il avoit eu d'une servante, usurpa le gouvernement au préjudice des autres enfans

de ce chef d'Israël; il en maſſacra ſoixan-
te-dix ſur une pierre, & le ſeul Joathan
échappa à ſon ambition : ce Joathan
eſſaya de ſoulever le peuple contre
Abimelech; & n'ayant pu y réuſſir,
il prononça des malédictions contre
lui. Abimelech régna cependant trois
ans; ſa mauvaiſe conduite lui ſuſcita
des ennemis, & Zebul s'étant mis à
la tête des mécontens, lui déclara la
guerre, qui finit enfin par la mort d'Abimelech, qui eut la tête écraſée par une
pierre qu'une femme lui jetta.

La cinquieme fut celle des Ammonites, elle dura dix-huit ans. Jephté
fut ſuſcité pour la faire ceſſer; il fit
alliance avec les princes de Galaad, &
marcha avec eux contre les Ammonites
dont il déſola tout le pays; avant de leur
livrer cependant la bataille, il fit vœu
de ſacrifier au Seigneur, s'il remportoit
la victoire, le premier être vivant qui
ſe préſenteroit à lui après le combat:
le bruit de ſon triomphe attira ſa fille
unique qui venoit l'en féliciter : Jephté
ſe rappellant pour lors de ſon vœu,
frémit en la voyant, & malgré ſa
douleur il fut fidele à ſa parole, &
immola ſa fille. Les interpretes ont
parlé différemment de ce fait; nous

nous en tenons à la lettre de l'Ecriture.

Après sa victoire, la tribu d'Ephraïm se révolta contre lui, sous prétexte qu'il ne l'avoit point appellée au combat contre les Ammonites, & ayant persévéré dans sa révolte, malgré la douceur de la réponse de Jephté, il marcha contre cette tribu : soutenu par les princes de Galaad, il lui tua environ quarante-deux mille hommes au passage du Jourdain ; se servant, pour les reconnoître, de ce mot, *schibboleth*, qui signifie *un épi*, & que les Ephraïtes ne pouvoient pas prononcer.

Jephté jugea le peuple d'Israël pendant six ans, après lesquels il mourut, & fut enterré à Galaad : après sa mort Israël vécut en paix pendant l'espace de vingt-cinq ans.

La sixieme servitude enfin, & la plus dure, fut celle que le peuple de Dieu essuya sous la domination des Philistins, & qui dura quarante ans. Après ce terme le Seigneur se laissa toucher au repentir de son peuple, & promit à Manué de la tribu de Dan, par le ministere d'un ange, un fils qui devoit être le libérateur d'Israël : il traça lui-même le genre de vie qu'il devoit mener, & lui apprit qu'il seroit consacré au Seigneur dès le ventre de sa mere ; le tems de la promesse expiré, la femme de Manué mit au monde un fils qui fut appellé Samson ; il étoit un prodige de force, & il fut lui seul plus redoutable aux Philistins qu'une armée : il désola leur campagne par des stratagêmes singuliers, il en massacra mille avec la simple mâchoire d'un âne, & leur fit dans toutes les rencontres un mal infini. Ils l'avoient tenu plus d'une fois en leur puissance, mais il avoit brisé ses liens avec la plus grande facilité ; il avoit même arraché & emporté les portes de Gaza où ils l'avoient enfermé pour s'en défaire. Mais trop ami des femmes il fut toujours leur dupe, & les secrets qu'il eut la foiblesse de leur confier furent la cause de sa perte. Le principe de sa force étoit dans ses cheveux qui n'avoient jamais été rasés, il en fit confidence à une courtisanne appellée Dalila ; après l'avoir trompé plusieurs fois, elle le trahit, & après l'avoir rasé dans le tems qu'il dormoit sur ses genoux, elle le livra entre les mains de ses ennemis qui lui arracherent les yeux & le conduisirent garrotté dans la ville de Gaza, où ils l'enfermerent, lui laiſſant la vie par vengeance, & pour le faire ſervir de tems en tems à leur amuſement. Un jour enfin qu'ils ſacrifioient à Dagon, ils le firent venir au temple pour faire hommage à leur dieu & pour s'en jouer : mais ſentant renaître une partie de ſes forces, après avoir imploré le ſecours du ciel, il ſe ſaiſit des deux colonnes qui ſoutenoient tout l'édifice, il le renverſa, & il enſevelit avec lui ſous les ruines trois mille Philiſtins aſſemblés. Il fut Juge d'Iſraël pendant vingt ans.

*D. Quel fut le ſucceſſeur de Samſon ?*

*R.* Nous n'en connoiſſons aucun juſqu'à Heli, ſouverain Pontife ; l'Ecriture nous apprend au contraire, que dans ce tems-là il n'y avoit point de chef en Iſraël, & que chacun ſe gouvernoit à ſa volonté : probablement chaque tribu avoit un chef particulier, & qu'il n'étoit point de chef général, parce que la paix régnoit en Iſraël.

*D. Qu'arriva-t-il de remarquable pendant cette eſpece d'interregne ?*

*R.* On peut rapporter à cette époque la ruine entiere de la tribu de Benjamin, contre laquelle toutes les tribus s'armerent pour la punir du crime abominable, que les Gabaonites,

membres de cette tribu, avoient commis
fur la femme d'un Lévite qui paſſoit
avec ſon mari dans leur ville. Il n'échappa dans cette expédition que ſix cens
Benjamites qui s'étoient refugiés dans
les montagnes, & qui rétablirent enſuite cette tribu en épouſant des filles
qu'ils enleverent à Silo par le conſeil
des autres tribus, qui voyoient avec
chagrin une tribu détruite en Iſraël.

D. *La guerre des Philiſtins finit-elle
avec Samſon ?*

R. Non ; ils continuerent après ſa
mort de perſécuter le peuple de Dieu
par intervalle ; & du tems d'Héli ſouverain pontife, ils furent plus d'une
fois vainqueurs ; ils enleverent même
l'arche d'alliance, qu'ils furent obligés
de renvoyer, parce qu'elle leur attira
des châtimens, & que leur dieu Dagon
même fut renverſé juſqu'à trois fois
en ſa préſence : elle ne fut pas ſeu-
lement funeſte aux Philiſtins, les Beth-
zamites ſur les terres deſquels elle
paſſa, furent en grand nombre frappés
de mort, pour l'avoir regardée avec
peu de reſpect.

D. *Quelle fut la cauſe des malheurs
du grand-prêtre Héli ?*

R. Le crime de ſes deux fils, Ophni &

Phinées, qui retenoient pour eux les
offrandes qu'on faifoit au Seigneur, &
qu'il n'eut pas la force de corriger &
de réprimer : cette lâche complaifance
attira fur lui & fur fa famille les malédictions de Dieu, & le pontificat
lui fut enlevé. Il paffa, en effet, après
fa mort, à Samuel qui fervoit fous lui
dans le temple, auquel le Seigneur fe
manifefta & l'enrichit du don de prophétie : il fut le dernier juge d'Ifraël ;
car le peuple, autant par fon inconftance, que pour fe fouftraire à l'avarice
des enfans de Samuel, voulut avoir
un roi, que Dieu lui accorda enfin
dans fa colere. Ainfi finit le gouvernement théocratique, & le monarchi-
que commença. On peut regarder le
gouvernement des juges comme le
troifieme âge du peuple Juif, & celui
des rois dont nous allons parler, comme le quatrieme.

# CHAPITRE XI.

## Du gouvernement des Rois.

D. *EN quoi consiste le gouvernement des rois ?*

R. En ce que dans ce gouvernement, l'autorité suprême résidoit dans un seul homme, qui ne reconnoissoit au-dessus de lui que Dieu & les loix.

D. *Quel fut le premier roi d'Israël ?*

R. Saül, fils de Cis, de la tribu de Benjamin, que Dieu désigna lui-même, & que Samuel sacra en répandant de l'huile sur sa tête ; il étoit d'une grandeur extraordinaire, & il n'y avoit point dans tout Israël d'homme aussi grand que lui.

D. *Quelles furent les principales actions de Saül ?*

R. Saül, plein de valeur & de courage, se signala d'abord par ses exploits contre les Philistins : mais sa présomption à sacrifier lui-même au Seigneur en Galgala, sans attendre le grand-prêtre Samuel qui devoit s'y rendre, lui attira les malédictions du Seigneur : il

fut réprouvé dès cet instant, lui &
toute sa famille ; c'est-à-dire que le
royaume d'Israël fut transféré à un autre.
Dieu ne s'en servit pas moins cependant
pour humilier les Philistins ; &
après sa réprobation même il remporta
sur eux plusieurs victoires. La plus célebre fut celle où son fils Jonathas fit
des prodiges de valeur, & fut sur le
point cependant d'être sacrifié, pour
avoir goûté un peu de miel, contre
la défense de Saül son pere, qui avoit
promis au Seigneur, que l'armée ne
prendroit aucune nourriture, qu'après
l'entiere défaite des Philistins : Jonathas ignoroit cette défense & cette
promesse, & le peuple le sauva.

Saül soutint encore une guerre contre
les Amalécites, que Dieu voulut punir
des cruautés qu'ils avoient exercées sur
son peuple. Il les livra à Saül, lui ordonnant de n'en épargner aucun, & de
ne rien réserver du butin qu'il feroit
sur eux : mais Saül peu fidele à la parole du Seigneur, fit grace à leur roi
Agag, & s'appropria & permit au peuple de s'approprier ce qu'il y avoit
de plus précieux dans ses dépouilles ;
c'est pourquoi le Seigneur lui fit signi-
fier une seconde fois par Samuel, qu'il

l'avoit réprouvé, & qu'il s'étoit choisi
un homme selon son cœur. Agag fut
mis à mort par le prophete en présence de Saül ; & David, fils d'Isaï, de
Bethléem, fut sacré roi au milieu de ses
freres. Dans ce tems-là l'esprit du Seigneur se retira de Saül & l'esprit malin
s'en empara ; il fit appeller David dont
il ignoroit l'élection, & qui seul cal-
moit ses accès de frénésie & de fureur,
par le son de sa harpe.

*D. Quelle fut la conduite de Saül envers
David, & celle de David envers Saül ?*

*R.* David ayant terrassé le géant
Goliath, qui venoit tous les jours in-
sulter au peuple de Dieu, par la confiance qu'il avoit dans sa force, & le
peuple célébrant sa victoire, & le mettant au-dessus de Saül, ce prince conçut contre David la plus basse jalousie ; il le joua d'abord dans ses promesses, il donna en mariage sa fille
Merob à un autre, après la lui avoir
promise, & il ne put obtenir Michol
sa cadette, qu'en apportant cent pré-
puces des Philistins : cette injustice
ne rebuta point David, il continua de
rendre à Saül ses services ordinaires,
dans le tems même qu'il les lui rendoit, Saül essaya plusieurs fois de le
percer

percer de sa lance : la fureur de ce prince alla si loin, que David se crut obligé de s'éloigner ; dès-lors Saül ne garda plus de ménagement, il le poursuivit comme un ennemi, & il traita comme tels tous ceux qui lui donnoient asyle ; il lui tendit même des pieges, que David n'eût certainement point évités sans les conseils de Jonathas, qui détestant les violences & la haine injuste de son pere, jura à David une amitié éternelle, & qui par sa fidélité mérite d'être à jamais cité comme le modèle des vrais amis.

David eut cependant plus d'une fois son ennemi sous sa main ; il eût pu s'en venger, & s'assurer d'un seul coup & de sa personne & de sa couronne : mais plus juste que Saül, il se contenta, tantôt de lui couper le pan de sa robe, tantôt de lui enlever sa lance & de le forcer au repentir. Cette générosité n'affoiblit pas toutefois la haine de Saül ; elle ne ménagea tout au plus que des réconciliations feintes de la part de ce prince, moyen plus sûr de se venger, & dont David eût été la victime, si Jonathas toujours fidele n'avoit été constamment, & son protecteur & son bouclier.

D

*D. Qu'arriva-t-il de remarquable à David pendant le regne de Saül ?*

*R.* Son mariage avec Abigaïl, femme de Nabal, qui répara la faute de son mari en offrant à David des vivres que celui-ci lui avoit refusés, & dont David étoit prêt à tirer une vengeance éclatante, si Abigaïl n'avoit trouvé grace à ses yeux : Nabal étant mort peu de tems après, David l'épousa, autant pour sa beauté que pour récompenser sa prudente générosité.

La ville de Ceyla qu'il délivra des mains des Philistins, & d'où il sortit craignant la trahison de ses habitans.

Sa fuite dans le désert de Ziph, dont les habitans le livrerent à Saül ; enfin son alliance avec Achis, roi de Geth, qui lui donna la ville de Siceleg pour retraite, & d'où il faisoit de continuelles incursions sur les Amalécites & sur les Philistins, remportant toujours quelqu'avantage & faisant croire à Achis qu'il les remportoit sur les Israélites.

*D. Quelle fut la fin de Saül ?*

*R.* Les Philistins, ennemis irréconciliables du peuple d'Israël, lui ayant de nouveau déclaré la guerre, & Saül s'appercevant que le Seigneur l'avoit abandonné, fut consulter une Pithonisse, c'est-à-dire une femme qui avoit l'esprit de Pithon ou du démon, pour savoir quel seroit le sort du combat, & la força d'évoquer l'ombre de Samuel, mort peu auparavant comblé de gloire & de mérite ; Samuel apparut & dénonça à Saül que son royaume seroit donné à David, & qu'il périroit bientôt lui & ses enfans : ce qui se vérifia peu de tems après, car les Philistins l'ayant attaqué, ils taillerent son armée en pieces, & il périt lui & trois de ses fils, Jonathas, Abinadab & Melchioya dans le combat.

---

# CHAPITRE XII.

### De David, Roi d'Israël.

D. *David fut-il mis en possession du royaume après la mort de Saül ?*

R. Personne n'ignoroit dans Israël que David ne fût le légitime successeur de Saül, désigné par Dieu même & sacré par son ordre ; la seule tribu de Juda le reconnut cependant à He-

bron où il fut de nouveau facré. Les
autres tribus, par le confeil, les me-
nées d'Abner, fe choifirent pour roi
*Ifbozeth* fils de Saül, qui ne régna que
deux ans ; car s'étant brouillé avec
Abner, fon appui, à l'occafion d'une con-
cubine de Saül fon pere qu'Abner s'étoit
appropriée, Abner fe rangea du côté
de David, & ramena toutes les tribus
à l'obéiffance de ce prince. Abner fut
cependant très-mal recompenfé de ce
fervice ; car Joab dont il avoit tué le
frere dans un combat, faifit cette occafion pour s'en venger, & fe fervant de
l'autorité de David dont il avoit furpris
la foi, il fit rappeller Abner & le poignar-
da lâchement, crime auquel David n'eut
aucune part, qu'il défavoua & qu'il
s'efforça de réparer, en pleurant la
mort d'Abner & lui faifant rendre les
plus grands honneurs, tandis qu'il prononça fur Joab & fur toute fa maifon
les malédictions les plus terribles ;
cette conduite lui concilia le cœur de
fes peuples & affermit fon trône. C'eft
après cet événement que Rechab &
Baana crurent lui plaire en le déli-
vrant d'Isbozeth fon concurrent : ils
le tuerent en conféquence dans le tems
qu'il dormoit ; & lui ayant coupé la

tête, ils l'apporterent à David, croyant en retirer une récompense proportionnée au service qu'ils s'imaginoient lui rendre : mais David détestant cette perfidie, leur fit arracher la vie par ses propres enfans, à-peu-près comme il avoit fait mourir celui qui étoit venu lui apporter la nouvelle de la mort de Saül.

*D. Quels sont les faits principaux du regne de David ?*

*R.* David, paisible possesseur de son royaume, & jouissant de la paix au-dedans, eut bientôt sur les bras, des ennemis étrangers : il essuya tour-à-tour des guerres avec les Jebuséens, les Philistins & les Ammonites, & il fut presque toujours victorieux ; il expulsa ce qui restoit de Jebuséens dans la terre promise, & prit sur eux la ville de Jérusalem où il fixa sa demeure ; il battit plusieurs fois les Philistins, sur lesquels il fit toujours un riche butin, & il subjugua entiérement les Ammonites. Jusques-là David avoit été fidele au Seigneur ; mais épris des charmes de Bethsabée, femme d'Urie, un de ses plus fideles serviteurs, il en abusa dans le tems qu'Urie combattoit pour lui dans l'armée que Joab commandoit contre les Ammonites. Ce crime une fois commis, David chercha à l'enfevelir dans le filence par un autre crime; & ayant vainement tenté de le cacher par un ftratagême, il commanda à Joab d'expofer Urie dans le plus fort du combat afin qu'il y périt, & ajouta ainfi l'homicide à l'adultere; ce double crime ternit pour un tems la gloire de David, & nous gémirions fur fon fort s'il ne l'avoit réparé par la plus auftere pénitence, à laquelle le prophete Nathan l'exhorta par l'ordre du Seigneur, & qui, fous le fens figuré d'une parabole, lui reprocha fon infidélité & le força de fe juger lui-même: le Seigneur lui pardonna en conféquence; mais l'enfant qu'il avoit engendré dans l'adultere mourut, & ce fut la feule vengeance que Dieu tira de lui pour lors.

*D. Qu'arriva-t-il de plus funefte à David dans les premieres années de fon régne?*

*R.* La révolte de fon fils Abfalon, qui ayant tué dans un feftin fon frere Amnon, & craignant à ce fujet le courroux de fon pere, fut fe réfugier chez le roi de Geffur chez lequel il refta trois ans; il employa ce tems à tramer une conspiration contre David, & à se concilier l'esprit des tribus afin de lui enlever la couronne : le traître & l'infâme Architopel le soutenoit, l'entretenoit même dans ce dessein criminel ; la conspiration éclata enfin à Hebron, & David fut obligé de s'enfuir au-delà du Jourdain avec très-peu de suite & l'arche du Seigneur, laissant le fidéle Chusaï pour dissiper les conseils & le manege d'Architopel : il prit toutes les voies de douceur possibles pour ramener ce fils rebelle, & il n'y eut que la voie des armes qui fit cesser sa révolte : il périt misérablement dans un combat, étant resté suspendu par ses cheveux à un chêne, où il fut percé par Joab à coups de fleche ; sa mort que David pleura amérement, rétablit la tranquillité en Israël, & tout rentra sous l'obéissance du prince légitime.

*D. Quel est l'évènement le plus mémorable du regne de David ?*

*R.* Cette peste cruelle qui désola toute la Judée, & qui, dans l'espace de trois jours qu'elle dura, fit périr soixante & dix mille ames ; David s'étoit attiré ce châtiment, en faisant, par un principe d'orgueil, sans doute, & de confiance en ses propres forces, le dénombrement de son peuple dont le nombre des combattans monta à cinq cens mille dans la seule tribu de Juda, & à huit cens mille dans les autres tribus réunies : le remords suivit bientôt cette action qui avoit déplu au Seigneur ; mais son repentir ne lui mérita que le choix de la peine que le prophete Gad lui proposa de la part de Dieu.

Son peuple avoit été peu de tems auparavant, affligé pendant trois ans d'une triste famine, en punition de l'injustice que Saül avoit commise envers les Gabaonites, & qui ne cessa que lorsque David ayant consulté le Seigneur, livra sept des descendans de Saül à la discrétion des Gabaonites qui les firent crucifier ; il épargna toutefois Miphibozeth, fils de Jonathas, pour lequel il eut toujours toute sorte d'égards, en reconnoissance des services qu'il avoit reçus du pere.

*D. Quelles furent les occupations de David pendant les dernieres années de son regne.*

*R.* David, vainqueur de tous ses ennemis, & jouissant d'une paix générale & solide, tourna toutes ses pensées du côté de Dieu, s'appliqua à étendre, affermir & perfectionner son culte ; il conçut en conséquence le deffein de bâtir un temple magnifique à l'Éternel : il en forma le plan, en défigna le lieu, ramaffa tout l'argent & tous les matériaux néceffaires ; mais en punition de fes infidélités paffées, le Seigneur lui en fit interdire l'exécution, & en réferva la gloire à fon fils Salomon, qui fut enfin couronné roi du vivant de fon pere, par les inftances & les follicitations de Bethfabée fa mere, pour laquelle David avoit toujours confervé une prédilection fur le refte de fes femmes ; après cela David ne s'occupa plus qu'à chanter fur fa harpe, les différens cantiques qu'il avoit compofés en l'honneur de fon Dieu, & qui font l'expreffion de fa reconnoiffance, de fa piété & de fon repentir, Il fait dans ces cantiques l'énumération des bienfaits qu'il a reçus du Seigneur, exalte fa puiffance & fa gloire, & invite tous les peuples à le chanter avec lui : la plupart de fes pfeaumes font prophétiques ; il n'eft aucune circonftance de la vie & de la mort du meffie promis, qui devoit fortir de fa race, qui lui ait échappé ; il a même prédit fa gloire & la vocation des peuples à fa loi : c'eft ce qui lui a mérité le nom de prophete roi ; il mourut enfin chargé de jours & comblé de gloire, dans la ville qui portoit son nom, où il fut enseveli après avoir régné quarante ans : c'est-à-dire, sept ans à Hebron & trente-trois à Jérusalem.

*D. Quel fut le sort de l'arche du Seigneur pendant le regne de David ?*

R. Elle resta long-tems dans la maison d'Abinadab sur laquelle elle attira les bénédictions du ciel ; David l'en retira, & la fit transporter dans la maison d'Obededom : c'est dans ce transport qu'Oza fut frappé de mort, pour avoir voulu la soutenir sans être consacré au Seigneur : elle fut enfin amenée à Jérusalem, où elle resta jusqu'à ce qu'elle fût placée dans le temple que Salomon fit bâtir ; David fut à sa rencontre, & plein d'un saint zele, il la précéda chantant ses triomphes sur sa harpe & dansant devant elle, ce qui le rendit méprisable aux yeux de Michol sa femme, qu'il avoit réclamée après la mort de Saül, & qui fut punie de ce mépris par la stérilité ; car elle ne conçut plus dès ce moment.

*D. Quelles réflexions morales peut-on faire sur le regne de ces deux premiers rois d'Israël ?*

*R.* On doit, en premier lieu, adorer la profondeur des jugemens du Seigneur dans la réprobation du premier, & toute l'étendue de ses miséricordes sur le second; ils eurent l'un & l'autre des défauts & des foiblesses, quoique dans un genre bien différent, & celui-ci est appellé un roi selon le cœur de Dieu, l'autre au contraire n'éprouve que des châtimens; la postérité de David est bénite, elle doit se multiplier à l'infini, & le messie qui en sortira doit en consommer la gloire, tandis que celle de Saül porte la peine de l'imprudence, de la témérité, de l'ambition, de la jalousie & de la cruauté de ce prince; elle est entiérement éteinte presque dès son commencement: on pourroit, ce me semble, apporter une raison de cette différence; c'est que les défauts de Saül étoient des défauts de l'esprit, qu'il y avoit dans ses actions un principe d'impiété, & qu'il fut sourd également & à la voix de sa conscience & à celle des prophetes. Les foiblesses, au contraire, de David, étoient des foiblesses du cœur, elles méritent en quelque sorte plus d'indulgence, le moindre avertissement d'ailleurs, & le moindre remords le ramenoient à Dieu, & l'erreur d'un inſtant fut ſuivie d'une pénitence auſſi conſtante qu'auſtere.

Des idées ſublimes de la Divinité, un ſaint reſpect, une aveugle ſoumiſſion à ſes ordres, une humilité toujours ſoutenue, une grandeur d'ame qui le rendoit ſupérieur aux revers & à l'infortune, un fond de bonté que les injures les plus atroces, & les malédictions les plus révoltantes d'un Semeï, les traitemens les plus inhumains d'un Saül, l'ingratitude la plus monſtrueuſe d'un Abſalom n'altérerent jamais : voilà à-peu-près le caractere du roi prophete, & les vertus qui ont rendu ſa mémoire éternelle.

La ſeconde réflexion qui ſe préſente, eſt que les rois, comme le reſte des hommes, ſont entre les mains de Dieu, que ce n'eſt jamais impunément qu'ils s'écartent des loix, & que le compte qu'ils ont à rendre eſt en proportion du rang qui les éleve ; ils ſont traités avec d'autant plus de ſévérité, qu'ils ont plus reçu & qu'ils ont de plus grands devoirs à remplir ; on ne ſauroit cependant leur réſiſter ſans crime, parce que leur autorité vient de Dieu, & qu'ils ne reconnoiſſent que lui pour ſupérieur & pour maître.

On peut, en troisieme lieu, considé-
rer que Dieu punit souvent sur les
peuples même les infidélités & les fau-
tes des rois, comme un pere est quelquefois puni dans ses enfans ; c'est
à eux par conséquent, s'ils aiment leur
peuple, à ne pas attirer sur lui, par
leur conduite, la colere du ciel ; Dieu
vengera d'ailleurs sur eux, tôt ou tard,
les innocens qu'il a punis à leur occasion.

# CHAPITRE XIII.

*Du regne de Salomon, Roi d'Israël.*

D. *DONNEZ-NOUS une idée du commencement du regne de Salomon ?*

R. Salomon fut couronné roi d'Israël
du vivant même de David son pere,
comme nous l'avons déjà vu, dans le
tems qu'Adonias son frere aîné, jaloux
de cette préférence qu'il avoit tout
lieu de soupçonner, affectoit l'autorité suprême, & faisoit tous ses efforts
pour se former un parti. A peine David
fut-il mort, que réveillant ses prétentions, & faisant suppléer la ruse à

la force, il feignit de renoncer à ses prétendus droits, pourvu qu'on lui accordât cette Sunamite qui avoit partagé la couche de son pere, pour le réchauffer sur ses vieux jours. Sans doute que cette démarche fut l'effet des conseils de Joab & du grand-prêtre Abiathar qui s'étoient déclarés pour lui; mais elle fut funeste à tous les trois; car Salomon prévoyant les desseins de ces ambitieux, fit massacrer Adonias & Joab, ne fit grace à Abiathar que parce qu'il avoit porté l'arche du Seigneur en présence de David son pere: il se contenta de lui enlever la souveraine sacrificature, & par ce coup de vigueur il affermit la couronne sur sa tête & rendit son regne paisible, qui sans cela eût été extrêmement orageux.

Il punit à-peu-près dans le même tems Semeï d'être sorti de Jérusalem, contre la défense qu'il lui en avoit faite, & vengea par sa mort David son pere, des malédictions que cet audacieux sujet avoit prononcées contre lui.

Tranquille possesseur du trône, Salomon demanda & obtint en mariage la fille de Pharaon, roi d'Egypte; &

l'Écriture nous dit qu'il marchoit sur les traces de David son pere, imitant sa piété & sa fidélité envers Dieu ; ses vertus ne resterent pas long-tems sans récompense, car le Seigneur lui offrit dans un songe mystérieux de lui accorder ce qu'il lui plairoit de demander ; il préfera la sagesse aux honneurs & aux richesses qui lui étoient offerts, & il reçut avec elle les trésors & la gloire qu'il ne demandoit pas : il excita bientôt l'admiration de son peuple, par ce fameux jugement qui le mit à même de discerner la vérité de l'imposture, & la justice de l'iniquité : deux femmes s'étant présentées devant lui revendiquant toutes les deux le même enfant, il découvrit quelle en étoit la véritable mere, en ordonnant qu'on le partageât par le milieu, & l'adjugea à celle qui s'opposa à ce partage ; voilà ce que nous offre de plus remarquable le commencement du regne de ce prince.

*D. Quel fut le plus célebre monument du regne de Salomon ?*

*R.* Le temple de Jérusalem qu'il fit bâtir avec une magnificence jusqu'alors inconnue : il fut construit sur le modele du tabernacle que Moïse avoit dreſſé dans le déſert, de même que les meubles ſacrés qui étoient deſtinés pour le ſervice : on peut juger de la vaſte étendue de ce bâtiment, & de ceux qui l'environnoient, par la longueur du tems & le nombre des ouvriers qui y furent employés ; il ne fallut rien moins que ſept ans révolus pour le perfectionner, & pendant cet intervalle, quatre-vingts mille tailleurs de pierre, & trois mille ſix cens ouvriers pour élever & conduire l'édifice, travaillerent ſans relâche ; on n'entendit cependant jamais le bruit des marteaux, parce que les pierres & les bois étoient taillés dans le déſert & qu'on les tailloit avec tant d'exactitude, que tranſportés à Jéruſalem, on n'avoit nullement beſoin d'y toucher.

Quant à ſa magnificence elle étoit inconcevable ; l'or le plus pur brilloit de toute part, tout ce que la ſculpture a de plus recherché y étoit étalé avec le plus grand goût, & on n'employa que les bois les plus précieux ; de ſorte qu'on peut aſſurer que c'étoit de tous les édifices de ce tems-là, le plus ſomptueux, le plus riche, le plus vaſte, le mieux ordonné, & le mieux fini : il fit juſqu'à ſa deſtruction l'admiration & la surprise de tous ceux qui le virent ; & il excita plus d'une fois la jalousie & l'ambition des ennemis du peuple de Dieu.

Salomon en célébra la dédicace vers l'an du monde 3000, avec une pompe & un appareil dignes du Dieu auquel il le consacroit ; le nombre des victimes qu'il immola est presque incroyable ; on compte jusqu'à vingt mille bœufs & cent vingt mille moutons immolés, sans les hosties pacifiques & les holocaustes que le feu consuma. Le Seigneur montra que ce lieu lui étoit agréable ; car il le remplit de sa gloire, & le nuage qui en étoit la figure, empêchoit les fonctions des prêtres ; la solemnité dura quatorze jours, tout le peuple y fut appellé & se retira plein de joie, bénissant ce prince pieux & bienfaisant que le Seigneur lui avoit donné dans sa miséricorde.

Ce ne fut pas là le seul monument qu'il éleva, il fit bâtir ensuite deux palais magnifiques, qu'il décora avec tout l'éclat possible ; l'or, l'argent, les pierres précieuses, les bois les plus rares, tout y fut employé avec la plus grande profusion & avec beaucoup de délicatesse. Il fit construire aussi plusieurs maisons royales à la campagne avec la même somptuosité, & il s'y retiroit souvent pour y goûter les douceurs du repos.

Il environna son trône du plus imposant appareil : mais quelque brillante que fût sa cour, quelque nombreuses que fussent ses richesses, il en faisoit lui-même le principal ornement, & les rois étrangers venoient plus encore pour admirer sa sagesse, que pour jouir du spectacle de son opulence : toutes ses paroles étoient des oracles, & ses paraboles sont encore de nos jours, comme elles l'étoient alors, l'expression sublime de la vertu.

D. *Après de si grandes entreprises, à quoi s'occupa ce prince religieux ?*

R. Il profita de cette paix générale qui régnoit dans ses états, pour rétablir les villes de son royaume, pour entourer de murs celles qui n'en avoient point, & pour les mettre, autant qu'il étoit en lui, à l'abri des insultes des ennemis qui pourroient lui survenir, ou les mettre du moins en état de défense ; pour lui il fut toujours respecté de ses voisins, qu'il respectoit à son tour, & il mérita à juste titre le nom de prince pacifique.

D. *Quel jugement doit-on donc porter de Salomon ?*

*R.* Qu'il fut le prince le plus sage, le plus éclairé, le plus magnifique, le plus grand en un mot, de son siecle, mais en même tems le plus ingrat & le plus malheureux : il ternit en effet, & effaça presque la gloire de son regne par la plus criminelle idolâtrie : ce prince à qui rien n'avoit échappé dans la nature, qui disputa sur tout, depuis le cedre jusqu'à l'hysope, méconnut enfin le Dieu qui l'avoit si noblement enrichi : il abusa de sa science en renonçant à la sagesse ; esclave de ses plaisirs, il le fut aussi de celles qui en étoient & les instrumens & l'objet, & il prostitua son encens après avoir prostitué son cœur ; triste exemple de fragilité qui doit être pour nous un fond inépuisable de réflexions, & un sujet constant de crainte.

*D. Salomon ne répara-t-il pas son crime par le repentir ?*

*R.* Nous l'ignorons ; il est fait mention dans l'Écriture de son infidélité & non pas de sa pénitence ; les sentimens des interpretes & des docteurs sont partagés sur ce point ; tout ce que nous savons, c'est que le Seigneur le punit même avant sa mort, en lui faisant annoncer la division de son royaume, laissant à son fils Roboam la seule tribu de Juda pour héritage, & transportant l'empire des dix autres tribus à Jeroboam, fils d'un de ses propres domestiques. Salomon régna quarante ans sur Israël. Après sa mort, Roboam contribua par sa hauteur, sa dureté envers le peuple, & sa mauvaise conduite, à l'exécution des châtimens du Seigneur; la seule tribu de Juda lui resta fidelle, & les dix autres tribus se séparerent après avoir élu Jeroboam pour roi, qui l'avoit déjà été par le prophete Ahias.

*D. Quel est donc l'ordre que vous suivrez dans la suite ?*

*R.* Nous commencerons à parler des rois d'Israël, dont le regne a été plus court que celui des rois de Juda, qui s'étend jusqu'à la venue du messie.

# CHAPITRE XIV.

## *Des Rois d'Israël.*

*D.* QUELLE *fut la conduite de Jeroboam, successeur de Salomon ?*

*R.* Jeroboam, écoutant plutôt la voix de la politique que celle de la religion, commença son regne par l'idolâtrie : il défendit aux tribus d'aller sacrifier à Jérusalem, dans la crainte que l'unité de culte ne ramenât encore l'unité de domination ; il érigea en conséquence deux veaux d'or, l'un à Dan, l'autre à Bethel, & leur dressa des autels où il sacrifioit lui-même ; le Seigneur lui fit sentir cependant qu'il avoit ce culte en abomination ; car l'autel sur lequel il offroit des sacrifices, se brisa, & la main qui immoloit ces sacrileges victimes sécha à l'instant ; l'usage lui en fut rendu toutefois après qu'il se fut humilié devant le prophete que Dieu lui envoya pour lui prédire la ruine entiere de sa famille ; elle lui fut encore confirmée par le prophete Ahias, que sa femme avoit été consulter sous un habit étranger, sur la maladie de son fils : toutes ces prédictions ne changerent point le cœur de Jeroboam ; il s'endurcit & mourut dans son impiété, après un regne de vingt-deux ans.

*D. Donnez-nous en abrégé la suite des rois d'Israël & une idée de leurs mœurs.*

*R.* Nadab, fils de Jeroboam, lui succéda, il marcha sur les traces de son pere ; mais il ne régna que deux ans.

Baaſa, fils d'Ahia, de la tribu d'Iſſacar, le maſſacra ſous les murs de Gebbethon, ville des Philiſtins, dont Nadab faiſoit le ſiege avec une armée nombreuſe.

Baaſa s'empara du trône après ce régicide, & Dieu ſe ſervit de lui pour exterminer toute la race de Jeroboam : il fut continuellement en guerre avec Aſa, roi de Juda : il entretint l'idolâtrie de Jeroboam & fut encore plus méchant que lui ; c'eſt pourquoi le Seigneur lui envoya le prophete Jehu pour lui annoncer la deſtruction de ſa maiſon ; il régna cependant vingt-quatre ans, & mourut à Therſa où il fut enterré dans le tombeau de ſes peres.

Ela, fils de Baaſa, lui ſuccéda : il ne régna que deux ans ; il fit le mal devant le Seigneur, comme Baaſa ſon pere ; il maſſacra lui-même le prophete Jehu, parce qu'il avoit prédit ſa perte & celle de ſa famille : il fut lui-même maſſacré par Zambri, qui n'épargna perſonne de la race de Baaſa, & qui uſurpa l'empire dans le tems que l'armée continuoit le ſiege de *Gebbethon* : mais il ne régna que ſept jours ; car ayant appris que les enfans d'Iſraël s'étoient choisi pour roi à Gebbethon *Amri* qui se disposoit à marcher contre lui, il se brûla lui & toute sa famille dans son propre palais.

*Amri*, délivré de Zambri, eut encore un compétiteur dans la personne de *Thebni*, fils de *Ginoth*, qu'une partie du peuple avoit élu : mais la mort l'en délivra bientôt, & tout Israël se rangea de son côté : ce prince, plus impie encore que ses prédécesseurs, établit le siege de son empire à Samarie qu'il fit bâtir lui-même, après avoir acheté de Somer la montagne sur laquelle il la fit construire. Il mourut enfin chargé d'iniquités après avoir régné douze ans sur Israël.

*Achab*, son fils, hérita du trône : il surpassa son pere en impieté ; peu content d'entretenir & de fortifier le peuple dans l'idolâtrie des veaux d'or, & dans le culte superstitieux des hauts lieux, il épousa encore la fameuse *Jezabel*, fille du roi des Sidoniens, & avec elle ses dieux ridicules : il fit en conséquence élever un temple à Baal dans Samarie même, & força le peuple à l'adorer avec lui ; il commit encore bien d'autres sacrileges, & irrita tellement le Seigneur, qu'il appesantit sa main

fur lui & fur fon peuple d'une maniere à faire trembler tous les princes
qui refufent de le fervir.

C'eft à-peu-près vers ce tems que
Hiel de Bethel rétablit la ville de Jéricho : mais ce ne fut pas impunément ; car les malédictions que Jofué
prononça lors de fa deftruction contre
celui qui la rétabliroit, tomberent fur
lui.

C'eft auffi vers ce tems-là que Dieu
fufcita le prophete Elie pour ramener
Ifraël à fon culte. Il fut gratifié du double don de prophétie & de miracles : il
fermoit & ouvroit le ciel à fon gré
& en faifoit defcendre des pluies fa-
lutaires, ou en fufpendoit les bienfaits.
Il fut nourri miraculeufement, ou par
des corbeaux ou par des anges : les
plus remarquables de fes prodiges,
font 1°. le feu du ciel qu'il fit defcendre
pour dévorer l'holocaufte qu'il offroit
au Seigneur, & qui fut fuivi du maffacre de tous les prêtres de Baal, qu'il
avoit confondus par ce prodige, qu'ils
ne purent jamais imiter, pour juftifier
le culte de leur facrilege divinité.

2°. L'inépuifable fécondité du vafe
d'huile & de la farine de la veuve de
Sarepta, qui l'avoit accueilli dans un

tems de famine, & la résurrection de son fils.

3°. Le passage du Jourdain sur son manteau : il ne prédit que des malheurs à Israël, & toutes ses prédictions se vérifierent : il fut poursuivi à toute outrance par *Jezabel*, & il fut toujours délivré de ses mains par la protection du ciel : Achab s'humilia plus d'une fois à sa parole, mais sans se convertir entiérement. Dieu permit enfin qu'il fût trompé par de faux prophetes, & il périt dans un combat qu'il avoit livré, de concert avec Josaphat, roi de Juda, aux Syriens qui s'étoient rendus maîtres de la ville de Galaad, & qu'ils vouloient reprendre sur lui. Achab régna vingt-deux ans sur Israël : il soutint plusieurs guerres avec des succès différens, il bâtit plusieurs villes, & une maison revêtue d'ivoire, qui en conséquence s'appella toujours le palais d'ivoire. *Ochozias* son fils, prit après sa mort les rênes du gouvernement ; il fut plus impie que son père, & régna seulement deux ans : affligé d'une maladie cruelle, loin de s'adresser au Seigneur, il envoya consulter Beelzebuth, dieu d'Acaron. Le prophete Elie arrêta ses envoyés & retourna avec eux pour annoncer au roi qu'il cesseroit bientôt de vivre : ce prophete continua, sous le regne d'Ochozias, ses prédictions & ses miracles : il fit périr par le feu du ciel les envoyés de ce prince avec leur troupe, & ne craignit pas de venir lui-même lui annoncer une seconde fois sa mort.

Ochozias étant mort sans enfans, Joram son frere lui succéda, & il régna douze ans à Samarie : il persista dans l'idolâtrie de ses peres, avec cette différence qu'il n'adora point Baal comme son pere ; il renouvella l'alliance avec le roi de Juda, & ils marcherent ensemble contre les Moabites, qui s'étoient séparés du peuple d'Israël, & qui furent entiérement défaits.

On doit placer sous Joram l'enlevement du prophete Elie dans un char de feu, en présence de son disciple Elisée, qui fut revêtu de son double esprit, & qui renouvella les mêmes prodiges : il prophétisa les malheurs d'Israël, & en particulier de son roi, qui le traita toujours en ennemi, & qui ajouta même les mépris aux embûches : il eut pourtant recours à lui plus d'une fois pour faire cesser les calamités de son peuple, & sur-

tout dans une famine cruelle qui dé-
foloit tout Ifraël.

Les crimes de Joram étant à leur
comble, le prophete eut ordre de Dieu
d'envoyer un de fes difciples à Jehu,
fils de Jofaphat, de Ramoth-Galaad,
pour le facrer roi d'Ifraël, à condition qu'il détruiroit entiérement les
reftes de la maifon d'Achab, & qu'il ven-
geroit les meurtres & les adulteres de
l'infâme *Jezabel* : ce qu'il exécuta ; car
s'étant rendu dans la ville de Jezrahel,
où *Joram* fe trouvoit avec *Ochozias*, roi
de Juda, il perça le premier d'une
fleche qui le laiffa mort fur la place,
& fit tuer le fecond : il fit enfuite
périr tous les enfans *d'Achab* & les
freres *d'Ochozias* ; il n'épargna pas
non plus les prêtres de Baal qu'il fit
tous maffacrer, après s'être fervi d'une
rufe pour les réunir tous dans un même
lieu, brûla les autels de cette chimé-
rique divinité, & abattit fon temple.
Il fit enfin précipiter *Jezabel* d'une fe-
nêtre, & fon corps, fuivant la prédiction du prophete Elie, fut dévoré
par les chiens.

Il ne manquoit à *Jehu* pour être un
prince felon le cœur de Dieu, que
de s'éloigner de la proftitution de Je-

roboam, & d'abattre les veaux d'or,
qui depuis ce prince étoient l'objet de
l'idolâtrie du peuple : mais il se contenta d'accomplir les ordres du Seigneur
sur la maison d'Achab, & ne fit pas
tout le bien qu'il auroit pu faire ;
c'est pourquoi le Seigneur suscita Ha-
zaël contre son peuple, & cet ennemi
prévalut dans toutes les occasions, &
s'empara de plusieurs villes & d'une
grande étendue de pays dans Israël.
*Jehu* mourut, & fut enterré à Samarie après un regne de vingt-huit ans.
Il eut pour successeur *Joachas* son fils,
dont le regne fut de dix-sept ans ; il
poussa l'impiété jusqu'à son comble,
& attira sur son peuple des maux infinis. Il fut constamment opprimé par
les Syriens qui le réduisirent à la derniere extrémité : il s'humilia cependant
sous la main du Seigneur, par l'avis
du prophete Elisée, & Israël fut délivré de l'oppression par *Joas*, fils & successeur de *Joachas*, qui battit jusqu'à
trois fois le roi de Syrie, suivant la
prédiction d'Elisée ; ce fut la derniere
qu'il prononça ; car il mourut peu de
tems après. Ce prophete opéra des
prodiges jusques dans son tombeau ;
car il rendit la vie à un cadavre qui

avoit été jetté par des voleurs dans son tombeau.

*Joas* fut auffi en guerre avec Ama-fias, roi de Juda, qui l'avoit défié ; il triompha de ce prince, le fit fon pri-fonnier, pouffa jufqu'à Jérufalem, renverfa une partie des murs de la ville & pilla le temple. Il régna feize ans à Samarie, & vécut dans l'infi-délité de fes peres.

*Jeroboam*, fecond fils de *Joas*, poffeda l'empire après lui, fon regne fut de quarante-un ans ; mais il ne fut rien moins que paifible, il eut fans ceffe fur les bras les Syriens, fur lefquels il remporta plufieurs avantages, & re-prit fur eux beaucoup de villes : ce fut encore un prince infidele comme fes prédéceffeurs, & il fit le mal devant le Seigneur.

On place fous fon regne la prédica-tion du prophete Jonas aux Ninivites.

*D. Faites-nous en paffant, & en peu de mots, l'hiftoire de ce prophete.*

*R.* Jonas reçut ordre du Seigneur d'aller à Ninive pour prêcher la péni-tence à fes habitans ; au lieu de s'em-barquer pour cette ville, il monta fur une efpece de vaiffeau qui faifoit voile vers Tharfis ; une tempête affreufe s'éleva, & le vaisseau étoit prêt d'être submergé, lorsqu'on s'avisa d'imaginer que cette tempête étoit la punition du crime de quelqu'un de l'équipage, & que Dieu demandoit une victime. Sur ce principe on tire au sort pour savoir quel étoit celui qui devoit être sacrifié : le sort tomba sur Jonas qui reconnoissant sa faute, en subit la peine sans murmure ; il fut donc précipité dans la mer & englouti à l'instant par une baleine, qui, après l'avoir gardé trois jours dans son sein, le rejetta plein de vie sur le rivage ; & à ce qu'on présume, fort près de Ninive, où il se rendit enfin, pour remplir sa mission qui fut suivie du plus grand succès. Les interpretes ont vu dans Jonas la figure de Jesus-Christ ressuscité.

*D. Reprenez maintenant le fil de l'histoire des rois d'Israël.*

*R.* Après la mort de Jeroboam II, le royaume d'Israël fut agité de grands troubles, occasionnés au-dedans par une anarchie de douze ans, & au-dehors par les fréquentes incursions des Syriens & des autres peuples voisins. *Zacharie*, fils de Jeroboam, monta enfin sur trône qu'il n'occupa que six mois, imitant ses prédécesseurs dans leur impiété : il fut tué publiquement par *Sellum*, fils de *Jabes*, qui s'empara du gouvernement, & ne le conserva qu'un mois. *Manassen*, fils de Gadi, le mit à mort au milieu de Samarie, & régna à sa place pendant dix ans ; il s'affermit sur le trône par des cruautés, & s'y maintint en se rendant tributaire de Phul, roi des Assyriens ; il foula le peuple & les grands par des impôts, pour pouvoir payer les tributs, & persévéra dans l'idolâtrie de ses peres. Après lui Phaceïa son fils, régna deux ans, il fut idolâtre comme ses peres.

Phacée, fils de Romélie, conjura contre lui, & lui arracha la vie & la couronne, qu'il porta pendant vingt ans, faisant aussi le mal devant le Seigneur.

C'est sous son régne que Teglat-Phalasar, roi d'Assur, fit une irruption dans le pays d'Israël, & emmena captive en Assyrie, toute la tribu de Nephtali : Tobie fut compris dans cette disgrace.

D. *Dites-nous un mot de cet homme miséricordieux.*

E 4

*R.* Tobie étoit un homme jufte &
craignant Dieu, qui le fervoit avec
zele, tandis que fes freres le déshono-
roient par un culte prophane. Tranfporté à Ninive avec une partie de
fa tribu, il n'abandonna pas la voie
de la vérité & la loi de fes peres :
ayant trouvé grace aux yeux de Salmanafar, roi des Affyriens, il avoit la
liberté d'aller où il vouloit ; il en
profitoit pour aller facrifier toutes les
années à Jérufalem : il s'occupa pendant la captivité, à rendre à fes freres
tous les fervices qui dépendoient de
lui, les fecourant dans leurs befoins,
les aidant de fes confeils, les fervant
dans leurs infirmités, & leur donnant
enfin fecrétement la fépulture dans fa
maifon après leur mort, malgré les
défenfes du roi ; il eut plus d'une perfécution à effuyer de la part de Sennacherib pour cette œuvre de mifé-
ricorde.

Sa piété fut récompenfée par des
épreuves : Dieu permit qu'il perdît la
vue, & fa femme & fes amis en
prirent occafion de tourner en ridicule
fa fidélité envers Dieu, ce qu'il fouffrit avec beaucoup de patience.

Après avoir été long-tems éprouvé,

le Seigneur se souvint de lui & il
recouvra la vue par le fiel d'un pois-
son que son fils, guidé par l'ange Raphaël que Dieu lui avoit donné pour
conducteur dans le voyage qu'il fit
pour demander en mariage la fille de
Raguël, lui appliqua sur les yeux à
son retour : il mourut enfin âgé de cent
deux ans, comblé de biens & de mérite, laissant à la postérité un exemple éternel de miséricorde & de justice ; il donna, avant de mourir, de très-
beaux préceptes à son fils qui marcha
sur ses traces, & prédit la cessation
de la captivité, la subversion de Ninive & le rétablissement de Jérusalem,
qui, comme nous le verrons, fut
presqu'entiérement détruite avec son
temple, pendant le tems que les Juifs
étoient captifs dans l'Assyrie.

*D. Reprenez le fil de l'histoire des
rois.*

*R.* Après la mort de Phacée, il y
eut encore un interregne de neuf ans,
à raison de la guerre des Assyriens.
Enfin Osée, fils d'Ela, monta sur
le trône qu'il occupa neuf ans ; sous
lui l'abomination des enfans d'Israël
s'accrut tellement, que le culte du
vrai Dieu s'éteignit presque en en-

tier : Ofée s'aveugla cependant au point, que de refufer de payer aux Affyriens les tributs accoutumés, & qui étoient le feul gage de la paix dont il jouiffoit ; fecondant par cette réfiftance les vengeances du Seigneur, qui, laffé de la prévarication de fon peuple, le livra entre les mains de Salmanafar, & toutes les tribus furent difperfées & réduites en la plus dure captivité. Samarie fut prife après trois ans de fiége, & peuplée de nouveaux habitans, qui donnerent naiffance au culte Samaritain ; car fes nouveaux habitans ignorant les préceptes & la loi du Seigneur, on leur envoya à leur réquifition un prêtre d'Ifraël pour les inftruire, & ils allierent monftrueufement le culte légitime avec celui des idoles. Ainfi finit le royaume d'Ifraël, dont Ofée fut le dernier roi, après avoir fubfifté pendant 265 ans, depuis le fchifme des tribus.

D. *La prévarication du peuple d'Ifraël fut-elle générale fous le regne de fes rois ?*

R. Les Ifraélites étoient portés d'eux-mêmes à l'idolâtrie ; nous avons vu qu'ils commencerent à donner dans cet égarement de l'efprit, d'abord après leur fortie d'Egypte : les hifto-

riens racontent même, que captifs en
Egypte, une grande partie en adorerent les dieux, & cette conjecture
historique devient une espece de certitude, si l'on examine la prédilection
qu'ils avoient pour les veaux d'or,
divinité favorite des Egyptiens ; forti-
fiés & enhardis par l'exemple de leurs
rois, ils durent par conséquent s'y livrer
avec moins de ménagement ; ensorte
qu'on peut assurer sans crainte, que ce
crime détestable étoit général en Israël :
Dieu se réserva cependant toujours quelques ames fidelles, qu'il conservoit
dans le secret de sa face, & qui ne
fléchissoient point le genou devant
l'idole : mais le nombre en étoit petit,
& rien moins que suffisant pour donner
à tout le peuple la dénomination de
peuple fidele.

D. *Comment donc peut-on appeller ce*
*peuple, le peuple de Dieu ?*

R. 1°. Il mérite ce titre parce que
Dieu le protégea toujours, & qu'il
fit éclater en tout tems sa puissance
en sa faveur ; 2°. parce qu'il y a eu
depuis sa sortie d'Egypte une succession
non interrompue de prophétes, qui,
par leurs prédications & leurs menaces, ramenoient de tems en tems le

E 6

peuple au repentir ; 3°. parce que le peuple de Dieu comprenoit également, & le peuple d'Ifraël & le peup'e de Juda, qui dans l'origine n'avoient fait qu'un même peuple, & qui fut encore confondu après la difperfion du peuple d'Ifraël, comme nous le verrons bientôt.

D. *Le peuple de Juda fut-il plus fidele au Seigneur que le peuple d'Ifraël ?*

R. C'eft ce que nous examinerons bientôt fous le regne de fes rois : nous dirons en attendant, que le culte du vrai Dieu fouffrit chez ce peuple bien des alternatives ; la prévarication n'y fut cependant, ni générale, ni conftante.

D. *Quelles réflexions morales tirez-vous de l'hiftoire des rois d'Ifraël ?*

R. La premiere qui fe préfente naturellement, c'eft que la politique eft fouvent la ruine de la religion, & que la ruine de la religion entraîne celle d'un état.

La feconde qui n'eft pas moins naturelle, c'eft que les princes font toujours, ou prefque toujours, la regle des mœurs de leurs fujets ; font-ils pieux, les peuples rougiroient de ne pas l'être, du moins à l'extérieur ; font ils impies, les sujets, soit crainte de déplaire, soit vue d'intérêt, soit inclination naturelle, se font une gloire de marcher sur leurs traces : on doit en conclure qu'ils sont plus malheureux que le reste des hommes, & qu'ils portent les iniquités de leur peuple & les leurs propres, lorsqu'ils ont le malheur d'influer sur leur conduite.

La troisieme enfin, c'est que Dieu se lasse, & qu'après avoir soutenu long-tems les outrages d'un peuple, après avoir long-tems menacé, exhorté, frappé même dans sa miséricorde, il frappe enfin dans sa colere, & ne met plus de bornes à ses châtimens, comme il n'en avoit point mis à sa clémence.

## CHAPITRE XV.

### Des Rois de Juda.

D. *Donnez-nous la suite des rois de Juda & une idée de leurs mœurs.*
*R.* Il faut remonter à *Roboam*, fils de Salomon, sous lequel arriva la séparation des tribus & la division du

royaume d'Ifraël d'avec celui de Juda : il ne régna que fur la tribu de Juda & de Benjamin : la plus grande partie des Lévites chaffés par *Jeroboam*, fon compétiteur, fe rangea de fon côté, & *Roboam* leur bâtit des villes. Il voulut tenter de ramener par la voie des armes les autres tribus à fon obéiffance ; mais Dieu lui fit défendre par le prophète *Semeias* de combattre contre Ifraël.

*Roboam* fut un prince plein de hauteur & de dureté pour fon peuple qu'il accabla d'impôts ; il fe livra fans ménagement à la débauche, & ne vécut que dans les délices ; il abandonna par conféquent le Seigneur, qui pour le punir le livra entre les mains de *Sefac*, roi d'Egypte, qui, après lui avoir enlevé plufieurs villes, pilla Jérufalem, & enleva tous les tréfors du temple & du palais, & en particulier les boucliers d'or & d'argent que Salomon avoit fait faire, & que *Roboam* remplaça par des boucliers d'airain. Il mourut à Jerufalem après un regne de dix-fept ans, & fut enterré dans la ville de David.

*Abia*, le plus fage & le plus puiffant des enfans de Roboam, lui fuccéda : il régna trois ans, pendant lefquels il fit la guerre à *Jeroboam*, roi d'Ifraël, fur lequel il remporta une victoire fignalée, parce que, comme dit l'Écriture, le Seigneur combattoit avec lui. *Jeroboam* perdit dans cette guerre cinq cens mille hommes & plufieurs villes.

*Afa*, fils d'*Abia*, monta fur le trône après lui : fon royaume fut en paix pendant dix ans, après lefquels il triompha d'une maniere éclatante de *Zara*, roi d'Ethiopie, qui lui avoit déclaré la guerre. Encouragé par la prophétie d'*Azarie* contre le royaume d'Ifraël, il s'appliqua à faire fleurir le culte légitime & à abolir l'idolâtrie & les hauts lieux. *Baafa*, roi d'Ifraël, arma en conféquence contre lui ; & *Afa*, fe défiant de fes propres forces & du fecours du Seigneur, appella pour le défendre, à prix d'argent, Benadad, roi de Syrie : ce qui obligea Baafa de fe retirer. Dieu fit faire des reproches à *Afa* par le prophete Hanani, de n'avoir pas mis fa confiance en lui : *Afa* s'irrita contre le prophete & le fit précipiter dans un fleuve : il en fut puni par une douleur infupportable aux pieds, qui malgré tous les fecours des médecins, qu'il confultoit plutôt que

Dieu qui l'affligeoit, le conduifit enfin au tombeau la quarante-unieme année de fon regne, après deux ans de fouffrances incroyables.

*Jofaphat*, fon fils & fon fucceffeur, régna vingt-cinq ans : il fit fleurir la piété & la religion, & marcha fur les traces d'Afa fon pere ; auffi fon regne fut-il un des plus floriffans de Juda, fes richeffes étoient immenfes, & le nombre de fes troupes montoit jufqu'à onze cens foixante mille hommes : ne fe confiant que dans le Seigneur, il remporta plufieurs victoires fur les Ammonites, les Moabites & les Syriens qui s'étoient ligués contre lui. Mais par fes alliances fucceffivement avec l'impie *Achab & Ochozias*, roi d'Ifraël, il irrita le Seigneur & en fut féverement repris par les prophetes, & puni par l'inutilité de fes entréprifes.

*Jofaphat* eut pour fucceffeur fon fils *Joram*, prince cruel & impie, & dont la mémoire eft en exécration : il commença fon regne par le maffacre de tous fes freres ; & imitant les rois d'Ifraël, il introduifit l'idolâtrie & le culte fuperftitieux des bois dans Juda ; il reçut une lettre du prophete Elie qui lui reprochoit ſes crimes & qui lui prédiſoit le plus affreux châtiment : en effet, il fut attaqué d'une maladie ſi terrible, qu'il rendoit par partie ſes entrailles par le fondement, ſans qu'on pût apporter le moindre ſoulagement à ſes maux : en outre les Philiſtins & les Arabes firent une irruption ſur ſes terres, ſaccagerent tout, enleverent tout ce qu'ils rencontrerent & maſſacrerent tous les enfans de Joram, à l'exception d'*Ochoſias*, le plus jeune de ſes fils. Il mourut enfin dans les plus affreuſes douleurs, après un regne de huit ans ; le peuple ne lui fit point d'obſeques, & il fut privé de la ſépulture des rois.

*Ochozias*, ſon fils, fut élu après lui par le peuple de Jéruſalem ; il fut auſſi impie que ſon pere & ne régna qu'un an ; il périt par l'ordre de Jehu avec *Joram*, roi d'Iſraël, & fut confondu dans la ruine de la maiſon d'Achab.

Athalie, ſa mere, ayant appris ſa mort, fit maſſacrer toute la race royale, afin de s'aſſurer le trône à elle-même. *Joſabeth*, fille de Joram, prit des meſures pour ſouſtraire *Joas*, un des fils du roi, à la cruauté d'Athalie, & il fut remis à la garde de *Joyada*, ſouverain pontife, qui le tint caché pendant les six années du regne d'Athalie.

Parvenu à l'âge de sept ans, il fut reconnu & sacré roi par les Lévites, & une partie du peuple, dans l'enceinte même du temple, où Athalie accourut en fureur, & fut mise en pieces sur la place.

*Joas*, placé sur le trône, ne se comporta pendant la vie de *Joyada*, que par les conseils de ce respectable vieillard : il s'appliqua à réparer le temple du Seigneur, qu'Athalie & ses enfans avoient considérablement dégradé, transportant dans le temple de *Baal* les meubles sacrés du temple.

Après la mort de *Joyada*, il s'écarta des sentiers de la vertu, & abandonnant le temple du Seigneur pour servir les dieux étrangers ; le Seigneur suscita plusieurs prophetes pour ramener le peuple : ils ne furent point écoutés : *Joas* fit même périr le prophete *Zacharie*, fils de *Joyada*, pour lui avoir prédit la descente des Syriens & les malheurs de Juda. L'événement justifia bientôt la prédiction du prophete ; Jérusalem & toute la terre de Juda fut pillée, & *Joas*, peu de tems après, fut tué dans son lit par deux de ses officiers. Il avoit régné quarante ans, & si les commencemens de son regne le rendirent cher à son peuple, la fin lui attira la haine de ses sujets, ils la pousserent jusqu'à le priver de la sépulture des rois.

*Amasias* fut proclamé après la mort de *Joas* son pere, qu'il vengea d'abord sur ses meurtriers. Il eut guerre avec les Iduméens, qu'il battit & dont il adora les dieux : c'est pourquoi il fut livré entre les mains de *Joas*, roi d'Israël, qui le prit, & pilla Jérusalem & le temple ; ses sujets irrités de sa conduite, lui tendirent des pieges à Jérusalem, & le tuerent enfin la vingt-neuvieme année de son regne.

*Osias* ou *Azarias* monta sur le trône après la mort de Joas son pere ; il fut d'abord fidele au Seigneur, & ses armes prospérerent, sa puissance s'agrandit, il bâtit plusieurs villes, triompha des Philistins, des Arabes & des Ammonites, & s'enrichit à leurs dépens. Cette prospérité lui fut funeste, il en prit occasion de s'énorgueillir, & il poussa la témérité jusqu'à vouloir brûler lui-même l'encens sur l'autel du Seigneur dans son temple, au mépris de ses loix & du sacerdoce ; il résista

même à *Azarie* & aux Lévites qui vouloient s'oppofer à ce facrilege abus ,
& le Seigneur le frappa dans ce moment d'une lepre univerfelle qu'il con-
ferva jufqu'à fa mort & qui le rendit
inhabile au gouvernement. *Joathan* ,
fon fils , régna en fon nom , jufqu'à
ce que la mort de fon pere le rendît
maître de l'empire. *Ofias* mourut dans
la cinquante-deuxieme année de fon
regne : c'eft fous fon regne que les prophetes commencerent à publier leurs
prophéties.

Le regne de *Joathan* , fils d'*Ofias* , fut
paifible & glorieux ; il fit le bien devant le Seigneur , & n'imita point la
témérité de fon pere ; il triompha des
Ammonites , amplifia l'héritage de fes
peres & mourut après un regne de
feize ans.

*Achaz* , fon fils , lui fuccéda : il mérita le furnom d'impie ; car ayant fait
fermer les portes du temple , il entraîna
le peuple de Juda dans la plus criminelle
idolâtrie , il éleva des autels à Baal &
aux dieux étrangers , & il n'y eut point
de culte prophane & fuperftitieux qu'il
n'introduisît dans fes états : il fit même
paffer fes enfans par le feu , felon l'u-
fage des nations idolâtres. Il attira par

ces abominations les plus grands maux sur son royaume qui fut entamé de tous côtés, & livré à la rapacité des peuples voisins. Les Assyriens, les Philistins, les Iduméens, les Israélites même le dévasterent tour à tour : ces châtimens, loin de le faire rentrer en lui-même, ne firent qu'augmenter son impiété : il mourut après seize ans de regne, dans l'endurcissement où il avoit toujours vécu.

On place sous son regne la fondation de Rome.

A l'impie *Achaz* succéda *Ezechias*, son fils, prince pieux & craignant Dieu, qui répara les maux que son pere avoit faits à la religion : il ne se contenta pas d'abolir l'idolâtrie, & de détruire les lieux infâmes où Juda prostituoit son encens & ses vœux, il fit ouvrir les portes du temple, rétablit l'ordre parmi les Lévites, fit revivre les solemnités de Sion & appella tout le peuple pour venir partager la joie du rétablissement du culte. Ne mettant sa confiance qu'en Dieu, ce Dieu bon qui favorise toujours ceux qui le servent, le délivra de Sennacherib, roi des Assyriens, qui menaçoit toute la Judée avec une armée formidable, & qui invitoit les enfans de Juda à blafphêmer avec lui le nom du Seigneur. Il ne put fe défendre, après une victoire fignalée, d'un fentiment de vanité qui déplut à Dieu : il reconnut cependant fa faute qui lui fut pardonnée à raifon de la pénitence qu'il en fit & qu'il en fit faire aux habitans de Jérufalem ; & l'arrêt de fa mort prononcé par *Ifaï* fut révoqué; il vécut encore quinze ans, & mourut après en avoir régné vingt-neuf : il étoit contemporain d'Ofée, fous lequel le royaume d'Ifraël prit fin.

*Manaffés* régna après *Ezechias* fon pere ; mais il dégénéra de fa piété, & porta l'idolâtrie aux derniers excès. Sourd aux menaces & aux avertiffemens des prophetes, la main du Seigneur s'appefantit enfin fur lui, & les Affyriens étant venus fondre fur Jérufalem, ils emmenerent *Manaffés* captif à Babylone avec une grande quantité de peuple : fes chaînes lui firent ouvrir les yeux fur fes égaremens, il fe convertit au Seigneur & fut rétabli fur fon trône, qu'il remplit jufqu'à la fin de fes jours, en prince vraiment religieux, renverfant les idoles qu'il avoit élevées, & rétabliffant le culte du

Seigneur, qu'il avoit presqu'entiérement aboli. Son regne fut de cinquante-cinq ans, y compris le tems de sa captivité.

On doit placer à cette époque l'histoire de Judith.

*D. Donnez-nous en abrégé l'histoire de cette héroïne ?*

*R.* Judith étoit fille de Merari, & veuve d'un nommé Manassés : elle étoit d'une beauté singuliere ; mais elle étoit plus recommandable par son austere vertu ; elle habitoit Bethulie où étoit son héritage & qu'on regarde comme le lieu de sa naissance, & y vivoit dans la plus grande régularité. Lorsque, pour favoriser l'ambition de Nabuchodonosor, roi des Assyriens, qui méditoit la conquête de l'univers, & que l'on croit être le *Soosdakin* de l'histoire prophane, ses troupes commandées en chef par Holopherne, vinrent mettre le siege devant Bethulie : ils presserent si vivement cette place, que les anciens de la ville résolurent de se rendre. Judith, instruite de ce lâche projet, se sentit tout-à-coup animée de l'esprit de Dieu, & forma le dessein de délivrer son peuple : après une fervente priere à Dieu, elle releve ses charmes par l'éclat des parures, &

court ainfi au camp ennemi. Mettant
de la fineffe & de la rufe dans fes
difcours, elle fut préfentée à Holopherne, qui, épris de fa beauté, lui
donne le plus fomptueux feftin, où fe
livrant aux excès de la table dans l'efpérance de goûter tous les délices de
l'amour, il s'enferma avec Judith dans
fa tente; & cette héroïne le voyant
endormi prefque fans fentiment, lui
trancha la tête avec fon propre cime-
terre & la porta à Bethulie, ce qui
ranimant le courage des affiégés, ils firent une fortie qui mit en déroute
toute l'armée des Affyriens : c'eft par
cette action courageufe, & qu'on ne
pouvoit guere efpérer d'une femme,
que Judith éternifa fon nom & fa
mémoire.

*D. Reprenez le fil de l'hiftoire des
rois de Juda.*

*R. Amon* fuccéda à *Manaffés*, fon
pere, & ne régna que deux ans ;
l'idolâtrie fut fon culte, il fut tué par fes
propres domeftiques. *Jofias*, fon fils, fut
couronné après lui ; il étoit deftiné à
réparer les abominations de Juda &
à porter fon peuple à la pénitence :
fon premier foin fut de rétablir le
temple, & de faire revivre la beauté
des

des cérémonies. L'Écriture releve sa piété qu'elle met au-dessus de celle de tous ses prédécesseurs : de son tems le grand prêtre *Helcias* trouva le livre de la loi, c'est-à-dire le deutéronome ; ce qui occasionna une grande joie & une grande rumeur à Jérusalem : sans doute que c'étoit le manuscrit même de Moïse qui avoit été placé auprès de l'arche & qui s'étoit égaré dans les différens troubles de Jérusalem ; car il n'est pas à présumer qu'on n'en eût point d'autre : il seroit cependant aisé de conclure par l'étonnement du grand-prêtre, du roi & du peuple même, que les copies qu'on avoit d'un livre aussi essentiel, n'étoient pas des plus fidelles, & qu'on fut surpris de s'être si fort éloigné de la loi que Moïse lui-même avoit établie par l'ordre de Dieu. Quoi qu'il en soit, le prince ayant entendu la lecture de ce livre, déchira ses vêtemens, fit consulter une prophétesse sur le sort de Juda, & mit tout en œuvre pour faire observer la loi à la lettre ; la premiere pâque qu'il fit célébrer fut mémorable, & l'Écriture ne craint pas de dire qu'on n'en avoit jamais vu de semblable à Jérusalem ; la pompe cependant n'en fut

F

pas plus grande qu'à l'ordinaire, mais la ferveur fut plus grande, & le culte du Seigneur ne fut point prophané par le mélange d'un culte superstitieux & criminel ; car le roi avoit pris soin de chasser de Jérusalem tous les devins, tous les aruspices, & de détruire tous les lieux suspects & tous les autels sacrileges. On lui annonça cependant, que le Seigneur étoit irrité contre son peuple ; mais qu'en récompense de sa fidélité il n'auroit pas le déplaisir de voir les maux de Juda : en effet, étant allé à la rencontre de *Nechao*, roi d'Egypte, qui marchoit contre le roi des Assyriens, il fut tué dans le désert de *Maggedo* & rapporté à Jérusalem pour y être inhumé avec ses peres ; il régna trente-un ans : après sa mort le peuple s'empressa de lui donner un successeur dans la personne de *Joachaz* ou *Sellum*, dont l'impiété fut aussi grande, que la piété de son pere avoit été édifiante : l'imprudence de *Josias*, son pere, à vouloir combattre *Nechao* qui ne pensoit pas à lui, lui attira cet ennemi sur les bras : il vainquit en effet *Joachaz* & l'emmena captif en Egypte après trois mois de regne, & donna pour roi à Juda *Eliacim*, frère de *Joachaz*, après lui avoir changé son nom en celui de Joakim, & l'avoir rendu son tributaire.

*Joakim* régna onze ans à Jérusalem, enchériffant fur l'impiété de fon frere *Joachaz*. Dans ce tems-là les malheurs de Juda redoublerent, & les oracles des prophetes commencèrent à s'accomplir : Nabuchodonofor vint affiéger Jérufalem, & fe contenta pour cette fois de rendre le peuple de Juda tributaire. Bientôt des troupes de voleurs vinrent fondre de tous côtés fur Jérufalem & fes dépendances, pillant tout ce qu'ils rencontroient : après trois ans de fervitude, *Joakim* effaya de fe révolter, il n'y réuffit pas & mourut peu de tems après.

*Joachim*, fon fils, prit en main l'autorité, il n'en jouit que trois mois ; il fut bientôt tranfporté à Babylone avec la plus grande partie du peuple par Nabuchodonofor, qui ne laiffa à Jérufalem que le nombre des habitans qu'il falloit pour cultiver les terres. Il leur donna pour roi *Matthanias*, qu'il fit appeller *Sedecias*, & qui fut auffi infidele que Joakim & fon pere. Nabuchodonofor mécontent de lui, vint de nouveau mettre le fiege devant Jé-

rufalem, acheva de piller le temple &
la ville, & de ruiner l'un & l'autre ;
il emmena captif ce qui reſtoit de
juifs avec leur roi, & c'eſt ici que
commence la fameuſe captivité de ſep-
tante ans, prédite par Jérémie, & dans
laquelle le prophete Daniel fut compris : le carnage des Juifs dans ce dernier ſiege fut effroyable, ceux qui furent aſſez heureux que d'échapper au
glaive ou aux chaînes du vainqueur, ſe
retirerent en Egypte. Avant de parler
de cette captivité, nous dirons un mot
des prophetes.

# CHAPITRE XVI.

### Des Prophetes.

D. *QU'ENTENDEZ-VOUS par ce mot
Prophete ?*

R. J'entends un homme inſpiré de
Dieu, qui lit dans l'avenir & qui annonce des événemens, dont Dieu ſeul
peut lui donner la connoiſſance ; un
vrai prophete eſt celui par conſéquent
dont l'événement juſtifie les prédictions, & qui en attendant qu'elles ſe

réalisent, en prouve, s'il est nécessaire, la vérité par des miracles.

*D. Les prophéties sont donc une preuve de la religion ?*

*R.* Sans doute, puisqu'elles sont un moyen dont Dieu se sert pour manifester aux hommes ses volontés, & qu'il n'est pas possible qu'une religion qui a de vrais prophetes soit fausse, parce que Dieu ne peut pas rendre témoignage à l'erreur, & que la vraie prophétie ne peut venir que de lui.

*D. N'y a-t-il jamais eu de faux prophetes ?*

*R.* Pardonnez-moi, & l'Écriture nous en fournit des preuves, soit dans les mages d'Egypte, qui s'opposoient aux prédictions de Moïse, & qui imiterent certains de ses prodiges, soit dans les prophetes de Baal & autres qui prédisoient bien des événemens.

*D. Y a-t-il des moyens & des regles pour distinguer le vrai du faux prophete ?*

*R.* Oüi ; & la premiere, c'est lorsqu'il est constant qu'on ne peut pas avoir aucune connoissance du fait, par le secours des causes naturelles : ainsi toute prophétie qui porte sur un fait à venir est une vraie prophétie, si elle est justifiée par l'événement : l'événement sera donc un moyen infaillible d'en reconnoître la vérité ; sur-tout, si la prophétie n'est point conçue en des termes ambigus, & susceptibles de plusieurs interprétations ; cette précision est encore un caractere essentiel à la vraie prophétie.

*D. Mais quelle preuve aurez-vous de la vérité d'une prophétie dans le tems qu'elle est publiée, si le fait ne doit arriver que long-tems après ?*

*R.* Le prophete pour lors doit autoriser sa mission par des miracles, & c'est ainsi que tous les prophetes se sont comportés ; en second lieu, on examine la fin de la prophétie ; si elle est bonne, c'est un préjugé favorable ; si elle est mauvaise, on peut sans crainte la regarder comme un moyen de séduction : on peut en dire autant de la doctrine qui en est l'objet.

*D. Le nombre des prophetes a-t-il été bien grand dans l'ancienne loi ?*

*R.* On peut dire qu'il y en a eu constamment dans Israël & dans Juda, sur-tout depuis la division des tribus, époque de l'établissement de ces deux royaumes ; à cause des fréquentes prévarications de ces deux peuples : on trouve les oracles du plus grand nombre épars dans l'histoire des rois, parce que ceux qui les prononçoient n'ont pas pris la peine de les rédiger féparément ; *Elie* & *Elifée* qui ont été des plus illuftres & qui ont long-tems prophétifé, font de ce nombre : il n'en eft que feize qui nous aient confervé leurs prophéties dans un corps d'ouvrage féparé, & on les diftingue en grands & en petits prophetes.

*D. Qui font ceux que vous appellez grands prophetes ?*

*R.* On en compte quatre ; *Ifaie, Jérémie, Ezechiel & Daniel.*

*D. Pourquoi les appelle-t-on grands Prophetes ?*

*R.* Parce que le nombre de leurs prophéties eft plus confidérable, & le volume qui les renferme plus étendu; on pourroit ajouter qu'ils ont prophétifé plus long-tems & fur des objets plus frappans & plus intéreffans pour la nation.

*D. Quel eft l'objet des prophéties des quatre grands prophetes ?*

*R.* La venue du Meffie, & les circonftances de fa vie & de fa mort femblent être le principal objet de celles d'Ifaie : faint Jérome le regarde comme un évangélifte, plutôt que comme un prophete, tant il a mis dans fes oracles de précifion & de clarté ; il femble en effet, que parlant de J. C.

& de son église, il décrit les événemens présens : il a prédit encore bien des événemens relatifs à son peuple, & aux peuples voisins qui avoient avec lui quelque relation : il a écrit en Hébreu, & avec plus d'éloquence & plus de politesse que les autres prophetes, parce qu'il étoit d'extraction noble ; on le dit en effet frere d'Amasias, roi de Juda. *Jérémie* a prophétisé la captivité de Babylone, & toutes les circonstances qui devoient l'accompagner : ses prophéties ne portent que sur des malheurs ; on y voit cependant de tems en tems des traits frappans qui ne peuvent être appliqués qu'au Messie. Ses lamentations ne font précisément que l'expression de sa douleur & de celle de son peuple captif ; elles font cependant prophétiques, & il y fait luire à Juda quelques rayons d'espérance ; il a prophétisé pendant quarante-cinq ans, sous les regnes de *Josias*, *Joachaz*, *Joakim Jéchonias & Sedecias*, rois de Juda : il ne fut point transporté à Babylone ; mais il se retira en Egypte avec le reste des Juifs, qui, fatigués de ses oracles menaçans, le lapiderent, & il réunit ainsi le titre de martyr à celui de prophete : il a écrit en Hébreu comme

*Isaïe*, mais avec moins d'élégance ; il étoit cependant poëte, & ses lamentations font affez châtiées. La prophétie de *Baruch* est une fuite de celle de Jérémie : on prétend qu'il la lui dicta lui-même : fon authenticité est difputée.

*Ezechiel* a écrit du tems de la captivité ; fon objet étoit de confoler fon peuple en lui annonçant un libérateur ; mais il le fait d'une maniere fi énigmatique, qu'il n'eft prefque pas poffible de le pénétrer. Il rappelle auffi prefque tous les oracles de Jérémie pour le venger des faux prophetes qui le taxoient d'impofture. Il étoit de race facerdotale, & il écrivit en Hébreu comme les autres prophetes.

*Daniel* fut encore fufcité pendant la captivité, dont il prophétifa la ceffation, & fixa le tems de la venue du Meffie d'une maniere à ne pas s'y méprendre : il fait en outre l'hiftoire de fon tems, & il annonce fort clairement celle des quatre grandes monarchies qui devoient divifer l'univers ; c'eft-à-dire, les monarchies des Chaldéens, des Perfes, des Grecs & des Romains : les Juifs refufent de le regarder comme un prophete, parce qu'il vivoit dans la cour du roi de

Babylone, & qu'il ne vivoit pas, selon eux, d'une maniere assez austere pour un prophete : ses écrits sont regardés cependant comme canoniques, à quelques histoires près, telles que celles de *Susanne*, de *Belus* & du *Dragon*, & le cantique des trois enfans dans la fournaise, histoires qui sont encore contestées par les chrétiens même. Nous aurons encore occasion de parler de Daniel.

*D. Quels sont les petits prophetes ?*

*R.* On en compte douze, & voici leurs noms; *Osée, Joël, Amos, Abdias, Jonas, Michée, Nahum, Habacuc, Sophonie, Aggée, Zacharie & Malachie.*

*D. Pourquoi les appelle-t-on petits prophetes ?*

*R.* Parce que leurs oracles sont en petit nombre & que la plupart n'ont prophétisé que sur un objet particulier.

*D. Rappellez-nous en peu de mots l'objet principal de leurs prophéties.*

*R. Osée*, qu'on regarde communément comme le premier des prophetes, a prédit la réprobation de la Synagogue & la vocation des gentils.

*Joël* a prédit la dévastation de son pays, la venue du Messie, la descente du Saint-Esprit, & a déterminé le lieu du jugement universel, qu'il fixe en la vallée de Joſaphat.

*Amos* s'eſt étendu ſur la ruine des dix tribus, la deſtruction du temple de Jéruſalem & la ſplendeur du regne de Jeſus-Chriſt.

*Abdias* n'annonce que la déſolation de l'Idumée.

*Jonas* annonça la ruine de Ninive, ſa prophétie n'eſt que conditionnelle, & la pénitence des Ninivites leur mérita le pardon de leurs crimes.

*Michée* prédit auſſi la captivité d'Iſraël & de Juda, promit une liberté entiere ſous le Meſſie dont il déſigna le lieu de la naiſſance, c'eſt-à-dire Bethléem.

*Nahum* ne prophétiſa que contre Ninive dont il prédit les malheurs, parce qu'elle avoit maltraité le peuple de Dieu.

*Habacuc* annonça la perſécution de ſon peuple par les Chaldéens ; il ajouta cependant que Dieu viendroit au ſecours de ſon peuple, ce qu'on entend de la venue du Meſſie.

*Sophonie* prédit la deſtruction des Juifs & des autres peuples de l'Orient, & trace fort clairement la proſpérité de l'égliſe ſous J. C.

*Aggée* exhorte le peuple au rétablissement du temple après la captivité, leur annonçant que la gloire de ce second temple seroit plus grande que celle du premier, parce que le Messie l'honoreroit de sa présence.

*Zacharie* a le même objet qu'*Aggée*; il ajoute seulement que le Messie entreroit dans Jérusalem monté sur une ânesse, & qu'il seroit reçu en triomphe.

*Malachie*, qu'on doit regarder comme le dernier des prophetes, puisque ses prophéties supposent la ville de Jérusalem & le temple rebâtis, exhorte le peuple à être fidele observateur de la loi & à offrir les sacrifices prescrits: il répete tout ce que ses prédécesseurs ont dit du Messie. Il a cela de particulier, qu'il prédit la venue & le caractere de son précurseur; il parle aussi des derniers tems & du second avénement d'Elie & de Jean-Baptiste.

---

# CHAPITRE XVII.

### *De la captivité de Babylone.*

D. Q̲U̲E̲L̲ étoit l'état des Juifs pendant la captivité ?

R. Les Juifs dans cet état avoient

la liberté de se conduire par leurs loix ;
mais ils étoient sous une domination
étrangere & n'avoient pas la douce
consolation d'habiter leur patrie ; c'é-
toit-là pour eux le plus grand des
maux, & quelque douceur qu'on mît
dans la maniere de les traiter, ils se
regardoient comme les plus malheureux des hommes, puisqu'ils étoient
exilés : la captivité cependant dont
nous parlons n'étoit rien moins que
douce, & ils essuyerent plus d'une
persécution pendant sa longue durée.
On les traversa souvent dans leur culte
& dans l'observance de leurs cérémonies légales ; Nabuchodonosor, le
plus impie des rois, les força souvent
d'adorer ses statues, & plus d'un Juif
fut victime de sa résistance & de sa fidélité à Dieu ; ainsi *Ananias*, *Misaël*
& *Azarias* furent-ils jettés dans les
flammes d'une ardente fournaise, d'où
ils sortirent sains & saufs, chantant
un cantique en l'honneur de l'Eternel,
dans ce lieu redoutable ; ainsi le prophete Daniel fut précipité deux fois
dans la fosse aux lions, parce qu'il
craignoit & qu'il adoroit le Dieu d'I-
sraël : dans ces tems de calamité, plusieurs d'entre les Juifs pousserent la po-

litique jufqu'au facrilege, & craignant les hommes plus encore que leur Dieu ; ils manquerent à Dieu pour ne pas déplaire aux hommes, ou pour ne pas s'expofer aux tourmens & à la mort.

*D. Quels font les événemens les plus remarquables arrivés du tems de la captivité de Babylone ?*

R. 1°. L'hiftoire de Sufanne, que plufieurs regardent comme apocriphe, & qui n'eft point regardée comme telle dans l'églife romaine ; follicitée au crime par deux vieillards, elle préféra fa vertu aux dangers qu'elle couroit en fe refufant à leur infâme paffion ; ils feroient en effet parvenus à la couvrir de honte, & à lui faire fubir la peine des adulteres fans la prudente fageffe de Daniel qui confondit l'impofture par des queftions faites à-propos aux criminels délateurs de cette innocente victime ; la contradiction de leurs réponfes les démafqua, & ils expierent par une mort honteufe & leur impudicité & leur calomnie.

2°. L'interprétation des fonges de Nabuchodonofor par Daniel à qui le Seigneur en donna l'intelligence ; ce prince injufte dans fes prétentions & inflexible dans fes réfolutions, fit périr grand nombre de devins & de mages, parce qu'ils n'avoient pas pu deviner le songe qui le tourmentoit & dont il avoit perdu la mémoire : Daniel eût été compris dans la bizarrerie de cette sentence, si Dieu ne l'avoit éclairé & sur la nature du songe & sur l'interprétation qu'on devoit lui donner.

D. *Rapportez-nous en peu de mots ce songe & l'explication que Daniel en donna.*

R. Nabuchodonosor avoit vu en dormant une statue d'une grandeur colossale qui lui jettoit des regards effrayans ; la tête de cette statue étoit d'or, la poitrine & les bras d'argent, le ventre & les cuisses d'airain, les jambes de fer & les pieds partie de fer, partie d'argille : tandis qu'il en étoit épouvanté, une petite pierre se détacha d'elle-même d'une montagne & vint frapper l'extrémité des pieds de la statue qui se brisa à l'instant & fut réduite en poussiere.

Voici l'interprétation que Daniel en donna ; il dit à Nabuchodonosor, que la tête de la statue signifioit l'état glorieux de son propre empire qui seroit bientôt renversé par celui des

Perses, moins glorieux, moins puissant
que le sien, auquel succéderoit un
troisieme empire , c'est-à-dire, celui
d'Alexandre, qui seroit encore moins
florissant ; & que des ruines de ce
troisieme empire , il en naîtroit un
quatrieme qui seroit extrêmement dur :
que ce quatrieme empire seroit divisé ,
& qu'une partie seroit détruite, tandis que l'autre seroit encore stable, ce
qu'on entend de l'empire romain : &
qu'enfin un cinquieme empire, figuré
par la pierre détachée de la montagne ,
renverseroit tous les autres, & dure-
roit lui-même éternellement, c'est celui
du Dieu du ciel & de la terre.

Nabuchodonosor vit encore en songe
un arbre prêt à être coupé, sans qu'on
touchât cependant à ses racines , &
qui étoit condamné à paître l'herbe
comme les bêtes, chargé de chaînes
& garrotté dans toute sa partie extérieure : Daniel l'interpréta de Nabuchodonosor lui-même , qui, en punition de son orgueil & de ses crimes ,
deviendroit semblable aux brutes &
paîtroit comme elles pendant sept ans ,
après lesquels il seroit plus grand &
plus puissant que jamais.

Le troisieme événement remarquable

est la mort de Jechonias, roi de Juda, qui fut après trente ans tiré de prison par *Evilmerodach*, successeur de *Nabuchodonosor*, & qui ne survécut que trois ans à sa liberté.

Le quatrieme fut cet arrêt terrible prononcé contre Balthazar, roi de Babylone, tandis qu'il prophanoit dans un festin somptueux les vases sacrés du temple de Jérusalem, que ses prédécesseurs avoient enlevés; il fut exprimé en ces termes, qu'une main invisible traça en gros caracteres, sur un des murs de la salle, *mane, thecel, phares*, & que Daniel expliqua de la mort prochaine de ce prince, de sa réprobation & de la division de son empire : ce qui se vérifia en partie la nuit même; car ce prince fut tué pendant la nuit dans son lit, & Darius Medus lui succéda.

Enfin la prise de Babylone par Cyrus, qui, devenu ensuite roi des Perses par son mariage avec la fille de Darius Medus, fonda le plus grand empire du monde : les Juifs lui firent la cour en lui produisant la prophétie d'Isaïe, qui lui prédisoit qu'il régneroit sur tout l'Orient, & que la ville & le temple de Jérusalem seroient rebâtis par son ordre : pénétré de reconnoissance pour le prophete, & cédant intérieurement à l'impulsion de Dieu lui-même qui l'avoit choisi pour délivrer son peuple., il donna d'abord un édit qui permettoit à ceux des Juifs qui le voudroient de retourner à Jérusalem & de travailler à la reconstruction de la ville & du temple : on peut regarder cette époque comme la cessation de la captivité, quoiqu'il restât encore beaucoup de Juifs à Babylone, & que les Juifs fussent toujours tributaires des Perses jusqu'au tems d'Alexandre.

# CHAPITRE XVIII.

*De l'état des Juifs après la captivité.*

D. *Quel fut l'effet du premier édit donné par Cyrus en faveur des Juifs pour leur retour à Jérusalem ?*

R. *Zorobabel* à la tête d'une partie de la nation, profita de la liberté que leur accorda ce prince ; & son premier soin, arrivé dans sa patrie, fut de rétablir l'autel des holocaustes & d'offrir des facrifices au Seigneur. Ce ne fut qu'un an après qu'il commença à jetter les fondemens du temple ; cette cérémonie fe fit avec plus de joie que de pompe ; on ne pouffa pas cependant bien loin les travaux, ils furent interrompus par les prétentions des Samaritains, qui vouloient avoir part à l'ouvrage, fous prétexte qu'ils adoroient le vrai Dieu & ne faifoient qu'un même peuple avec les Juifs. Ceux-ci refuferent néanmoins de travailler avec eux, parce qu'ils reprochoient aux Samaritains de mêler dans leur culte & beaucoup de fuperftition & beaucoup d'idolâtrie. Les Samaritains irrités vinrent à bout par leurs intrigues à la cour de Cyrus, d'empêcher la continuation de l'édifice. Il refta fufpendu pendant feize ans, & on ne le pourfuivit que fous Darius, fucceffeur de Cyrus, qui, ayant la connoiffance de l'édit de fon prédéceffeur, en donna lui-même un fecond plus favorable encore ; & voulut contribuer par fes largeffes à cette pieufe entreprife ; il fe fit alors une feconde tranfmigration de Juifs plus confidérable que la premiere, ayant Efdras à leur tête ; arrivé à Jérufalem, Efdras fit valoir l'édit du roi, il pressa les travaux du temple qui fut enfin fini la sixieme année du regne de Darius ; c'est-à-dire quatre ans après l'édit donné par ce prince, & la premiere pâque s'y célébra avec toute la pompe, toute la solemnité & toute l'affluence possible.

*D. Ce temple étoit-il aussi recommandable que celui de Salomon, tant par sa grandeur & la beauté de ses édifices, que par les monumens qui le rendoient respectable ?*

*R.* Non ; il n'étoit ni si vaste, ni si bien ordonné, ni si riche ; il y manquoit en outre bien des choses qui étoient dans celui de Salomon. L'arche d'alliance n'y étoit plus, & il n'en est plus parlé dans les livres saints depuis la captivité de Babylone : il y en avoit cependant la figure : il y manquoit aussi la présence de Dieu dans le propitiatoire, &c. Ainsi, si la gloire de ce second temple est préconisée par les prophetes, ce n'est que parce qu'il devoit avoir l'avantage de recevoir le Messie dans son enceinte.

*D. Que fit Esdras de remarquable après la construction du temple ?*

*R.* Il mit en ordre les livres de la loi, en fit la lecture au peuple, l'exhortant à être fidele aux préceptes qu'elle renfermoit, obligea ceux des Juifs qui avoient contracté des mariages avec des étrangeres, contre le précepte de Moïse, à répudier ces femmes : il composa ensuite le livre des paralipomenes auxquels il ajouta l'histoire de son tems que Néhémie poursuivit après lui.

*D. La ville de Jérusalem & ses murailles principalement, furent-elles rétablies en même tems que le temple ?*

*R.* Non ; ce ne fut que sous le regne d'*Artaxerxes*, surnommé à longue main, que Néhémie, échanson de ce prince, obtint la permission de les élever. Les Juifs essuyerent encore bien des contradictions dans cet ouvrage de la part des petits princes leurs voisins, & particuliérement des Samaritains & des Arabes ; ils combattoient, dit l'Écriture, d'une main & bâtissoient de l'autre : ils vinrent cependant à bout, sous la protection d'*Artaxerxes*, de conduire cette entreprise à sa fin, & ce n'est que de cette époque qu'il faut dater les soixante-dix semaines de la prophétie de Daniel touchant le Messie.

*D. N'étoit-il resté aucun Juif dans la Syrie après la transmigration & le rétablissement des murs de Jérusalem ?*

*R.* Il en étoit resté plusieurs, & ils y essuyoient de tems en tems de violentes persécutions ; une des plus terribles, est celle qui s'éleva sous le regne d'Assuerus, & qu'Aman, favori de ce prince, avoit suscitée lui-même pour se venger des prétendus mépris du Juif Mardochée qui languissoit sans récompense à la porte du palais du roi, quoiqu'il eût sauvé ce prince & l'état d'une conspiration ; il ne s'agissoit de rien moins que d'égorger tous les Juifs qui restoient en Syrie.

*D. Comment prévinrent-ils un si grand malheur ?*

*R.* Esther, niece de Mardochée, ayant trouvé grace aux yeux d'*Assuerus*, qui l'épousa après avoir répudié la reine *Vasti*, obtint par ses prieres la révocation de cet ordre barbare que le superbe *Aman* avoit surpris à ce prince, plutôt qu'il ne l'avoit donné. Les choses même n'en resterent pas là ; car Assuerus ne pouvant dormir la nuit qui suivit la révocation de son édit, se fit lire les annales de son regne, & étant tombé sur le service que Mardochée avoit rendu à lui & à son royaume, surpris qu'on eût laissé une action si généreuse & son auteur sans récompenfe, inftruit d'ailleurs qu'Aman fe propofoit de faire périr le lende- main ce bon vieillard fur un gibet, fut tellement outré du procédé de fon favori, qu'il ordonna le lendemain le triomphe de Mardochée & la mort d'Aman fur le même gibet qu'il avoit préparé pour le libérateur de l'état.

*D. Quel fut l'état politique des Juifs fous les rois des Perfes jufqu'au tems d'A- lexandre ?*

*R.* A la faveur d'un léger tribut qu'ils payoient à leur fouverain, ils fe gou- vernoient felon leurs loix : ils ne jouif- foient pas cependant de la fuprême autorité & ils étoient toujours dans un état de dépendance : ils avoient des gouverneurs pris de leur nation; mais qui étoient nommés par les Perfes. *Néhémie* fut revêtu de cette dignité par *Artaxerxes* à longue main, & il fe com- porta avec tant de fageffe & de pru- dence, qu'il força l'eftime & l'admi- ration de fes freres & de fes fupé- rieurs : il acheva pendant ce tems-là l'hiftoire de fon tems qu'Efdras avoit commencée, & il la finiffoit lorfqu'He- rodote commença à écrire.

On peut obferver ici, 1°. que depuis la captivité Dieu fe renferma pour ainsi dire en lui-même, & qu'il ne parut plus de prophetes parmi les Juifs.

2°. Que ce n'est qu'après la captivité que le nom de Juif fut donné à toute la nation, parce que les restes des tribus dispersées, qui formoient auparavant le royaume d'Israël, furent confondus dans la tribu de Juda.

*D. Comment Alexandre devint-il maître de la Judée ?*

*R. Alexandre*, roi de Macédoine, plein de vastes projets, & méditant la conquête de l'univers, vint chercher Darius, qui régnoit alors en Perse, jusque dans son royaume ; & l'ayant vaincu dans une fameuse bataille, s'empara de tous ses états, & lui succéda par conséquent dans son autorité sur la Judée : préférant cependant la gloire de vaincre à celle de régner, Alexandre traita les Juifs avec beaucoup de douceur & d'humanité, ils eussent sans doute été plus tranquilles si son regne avoit été plus long ; mais il mourut la douzieme année de son regne, & sa mort occasionna la division de son empire, que ses capitaines partagerent : il en résulta trois vastes royaumes ; c'est-à-dire, le royaume de Macedoine,

celui

celui d'Egypte & celui de Syrie ; les *Ptolomées* régnerent en Egypte & les *Séleucides* en Syrie. Les Juifs paſſerent ſous la puiſſance des Syriens, ſous leſquels ils euſſent vécu dans la plus grande paix, s'ils ne l'avoient troublée eux-mêmes par leurs diſputes domeſtiques, à l'occaſion de la ſouveraine ſacrificature que pluſieurs ambitionnoient & qu'ils exerçoient en même tems. C'eſt à ces jours de paix & de troubles tout à la fois qu'on peut rapporter le pillage du temple par une bande de ſcélérats d'entre les Juifs même, & le châtiment d'*Heliodore* qui fut battu cruellement de verges par des anges ſous une figure humaine, pour avoir voulu à ſon tour forcer les portes du temple & en enlever les tréſors.

C'eſt auſſi à-peu-près dans ce tems-là que *Ptolomée Philadelphe*, roi d'Egypte, demanda à Eléazar ſouverain pontife des Juifs, un exemplaire des ſaintes Écritures & des docteurs de la loi pour les traduire en grec : Eléazar lui envoya ſoixante-douze docteurs pris dans les différentes tribus, qui, ſous les auſpices de ce prince amateur des lettres, firent dans l'eſpace de ſoixante-douze jours cette verſion qu'on appelle des septante : l'isle de Pharum, à une très-petite distance d'Alexandrie, fut le lieu où ils s'assemblerent & où ils exécuterent leur projet : cette version est la plus généralement reçue.

*D.* *Les Juifs resterent-ils long-tems soumis aux Egyptiens ?*

*R.* Jusqu'au regne d'Antiochus, vainqueur de Ptolomée, roi d'Egypte, & qui, après la conquête de ce royaume, tourna ses armes du côté de Jérusalem, attiré par l'appas des richesses qu'il espéroit de trouver dans le temple : il enleva en effet tous les trésors & tous les vases & fit dans la ville un grand carnage des habitans ; peu content de cette expédition, il envoya quelque tems après un de ses intendans, qui, outre les tribus exorbitans qu'il força le peuple à lui payer, acheva d'emporter ce que son maître avoit laissé, fit un grand nombre de captifs & mit le feu aux quatre coins de la ville. Antiochus ne se borna pas à persécuter les Juifs dans leurs biens, il voulut encore abolir leur culte & y substituer la plus abominable idolâtrie ; il fit beaucoup de parjures, de sacrileges & de martyrs ; on vit alors des grands exemples de zèle & de fermeté pour la religion ; des femmes faisoient circoncire leurs enfans malgré les défenses du roi & les livroient elles-mêmes au fer du tyran ; des vieillards respectables préférant la mort aux plus flatteuses promesses & à la transgression de la loi de leurs peres ; une mere exhortant ses sept enfans à souffrir les plus cruels supplices, plutôt que de manger des viandes défendues, & supporter elle-même avec une constance admirable la mort la plus douloureuse, après avoir été le triste témoin de celle de ses enfans.

*D. Comment les Juifs arrêterent-ils cette persécution ?*

*R.* Poussés au désespoir par la tyrannie d'Antiochus, ils s'armerent contre leur persécuteur, & soutenus par la force & la valeur des Machabées ils en triompherent sou... : le fidele & zélé Mathathias, leur ... fut le premier qui secoua le joug de l'impiété & qui vengea la cause de Dieu & de son peuple ; il commença par arracher la vie à un Juif qui venoit de sacrifier aux idoles en sa présence, & fit subir tout de suite le même sort au ministre de la cruauté d'Antiochus ; il se retira ensuite avec ses enfans & un nombre de Juifs fideles dans les montagnes, où ils furent poursuivis par les troupes du roi. Leur piété pour la loi du sabbat fut cause qu'ils furent battus, n'osant pas se défendre de peur de la transgresser ; mais dans toutes les autres rencontres ils firent des prodiges de valeur & sortirent toujours victorieux du combat. Mathathias mourut couvert de gloire après avoir effacé en partie la honte de Jérusalem. Judas, son fils, lui succéda, aidé des conseils de son frere Simon, plein d'un courage à toute épreuve & soutenu par le Dieu des armées, il ne donna ni paix, ni trève à *Antiochus*, & battit constamment ses armées, il le chassa entiérement des terres de Juda. Et pour se mettre à couvert des insultes des Grecs, il fit alliance avec les Romains qui le traiterent avec beaucoup d'honneur.

La mort du superbe & de l'impie *Antiochus*, qui mourut rongé de vers, donna quelque relâche aux Juifs : ils saisirent cet intervalle de tranquillité pour rétablir le culte & pour célébrer des solemnités qu'ils avoient été forcés de négliger : ils établirent même des nouvelles fêtes, & en particulier celle du feu facré qu'ils avoient retrouvé dans le puits où les lévites l'avoient enfoui, lorfque toute la nation fut menée captive à Babylone.

Cette paix ne fut pas longue, les fucceffeurs d'*Antiochus* effayerent encore de fubjuguer le peuple de Dieu ; mais leurs efforts furent inutiles, & Judas leur réfifta toujours, jufqu'à ce qu'enfin il fuccomba fous les généraux de Démétrius qui l'avoient attaqué avec une puiffante armée, tandis qu'il n'avoit avec lui qu'une poignée de monde : fa mort coûta cher cependant à fes ennemis : Jonathas, frere de Judas, qui lui fuccéda, le vengea d'une maniere éclatante, par des victoires qui releverent encore la gloire du peuple Juif, & qui faifoient foupçonner que Dieu vouloit lui redonner un nouvel éclat & renouveller les prodiges qu'il avoit opérés en fa faveur.

La mort de Judas avoit cependant jetté la confternation dans toute la Judée ; on le pleura comme un héros, & jamais guerrier ne mérita mieux ce titre : il reçut encore celui de fauveur d'Ifraël, on n'auroit pu le lui refufer fans injuftice.

*Jonathas* foutint noblement la gloire du nom des Machabées, il fut, comme fes prédécelfeurs, la terreur des ennemis du peuple de Dieu ; fes victoires & fes conquêtes furent aufli nombreu-fes que celles de fon frere Judas. Il força enfin les Grecs à lui offrir la paix, qu’il ne reçut qu’à des conditions très-honorables ; il renouvella l’alliance de fon peuple avec les Romains, dont il mérita l’eftime & les éloges. Il fut enfin trahi par Triphon qui méditoit de s’emparer du royaume d’Antiochus, & qui feignit de fe lier d’amitié avec Jonathas : il l’attira dans Ptolémaïde dont les habitans fermerent les portes & le tuerent lui & tous ceux qui l’accompagnoient. Ainfi périt ce brave d’Ifraël, cet homme puiffant dans le combat, que l’Écriture exalte & qui par fon zèle & fa valeur mérite d’être comparé à fes freres.

D. *Quel fut le fuccelfeur de Jonathas ?*

R. Simon, fon frere : il marcha fur les traces de ce grand homme ; il défendit la liberté de fon pays & affranchit les Juifs du joug des Gentils. La Judée dévint encore une fois un état indépendant & redoutable ; mais c’étoit-là comme le dernier rayon de fa gloire :

Simon périt à Jéricho par la perfidie de Ptolomée Evergete, son gendre.

*Jean Hircan*, son troisieme fils, lui succéda, il ajouta encore à la gloire de sa nation par ses conquêtes, il renversa le temple de Garizim & réunit toute l'Idumée au royaume de Judée. Il couronna enfin ses exploits & sa vie en donnant la paix à sa patrie.

*Aristobule* régna après lui, jaloux jusqu'à la cruauté, ambitieux jusqu'à la violence. Il rendit son regne odieux en immolant toute sa famille ; sa mort prématurée mit fin à sa tyrannie.

*Alexandre*, son frere, fut tiré après sa mort de la prison, où il l'avoit toujours détenu, & couronné à sa place : il rétablit les bornes du royaume d'Israël ; mais il poussa la cruauté aussi loin qu'Aristobule, il régna comme lui en tyran & se fit détester. Le sang des Juifs qu'il avoit répandu crioit vengeance contre lui : il mourut cependant d'une mort plus tranquille qu'il n'auroit dû se promettre.

C'est après lui qu'on doit placer le regne de Salomée qui gouverna la Judée pendant neuf ans : les Pharisiens prirent naissance sous son regne, & elle les protégea de toute sa force.

Leur exactitude à observer la loi leur acquit d'abord l'estime de la nation, ils la dominerent ensuite, & leur hypocrisie, source d'une infinité de superstitions, acheva de la corrompre.

Après la mort de Salomée, Hircan, son fils aîné, régna sur la Judée, Aristobule, son frere, lui disputa le royaume : les guerres intestines que leur brouillerie occasionna ne laissoient à l'un & à l'autre qu'une ombre d'autorité : ils appellerent Pompée, Commandant dans le Pont, pour juger leurs différents, il les termina en les assujettissant l'un & l'autre : la Judée devint pour lors, ainsi que la Syrie, une province romaine. Aristobule fut traîné à Rome pour servir au triomphe du vainqueur, & Hircan conserva, sous la dépendance des Romains, le titre de roi dont il ne jouit pas long-tems ; car Aristobule ayant trouvé le moyen de s'échapper de sa prison avec ses deux fils, Antigone, son aîné, obtint du secours de Pacorus, roi des Parthes, & s'étant saisi d'Hircan, son oncle, il lui fit couper le nez & les oreilles.

D. *Que devint alors le sceptre de Juda ?*

R. Il sortit de cette tribu & de toute la nation, en passant entre les mains

d'Hérode qui n'étoit qu'un étranger, &
qui par la faveur d'Antoine & de César,
l'un & l'autre généraux des Romains,
obtint le titre de roi des Juifs : en conséquence il s'empara de la ville de Jérusalem & fit couper la tête à Antigone.
Après la bataille d'*Actium*, qui rendit
Auguste maître de la plus grande partie
du monde, Hérode qui étoit encore
plus redevable de la couronne à Antoine qu'à Auguste, abandonna le
parti du premier, & se maintint dans
son royaume en faisant sa cour à César
& lui rendant hommage de sa couronne.
Paisible possesseur du trône, quoique
tributaire de César, Hérode persécuta
ses sujets, & leur fit essuyer tout ce
que l'oppression la plus tyrannique
peut causer de maux : il changea toute
la forme du gouvernement, méprisa
la loi, en renversa le culte, abolit la
plus grande partie des solemnités &
ne laissa pas même à son peuple la
liberté de se plaindre. Tant de calamités
firent ouvrir les yeux aux Juifs op-
primés, & n'attendant plus de secours
que du ciel, en réfléchissant sur les oracles des prophetes ; en calculant le
tems qu'ils avoient marqué pour la
venue du grand libérateur, voyant

d'ailleurs tous les fignes qui devoient précéder fa venue, ils foupçonnerent qu'il ne devoit pas tarder à paroître, & on attendoit généralement ce grand événement, lorfque le Meffie naquit en effet à Bethléem, l'an du monde 4000, & la derniere année du regne d'Hérode qui en étoit la trente-feptieme.

Nous ne dirons rien de ce fait intéreffant, objet effentiel de la foi de tous les chrétiens ; il n'en eft aucun qui ignore les circonftances de fa naiffance, de fa vie & de fa mort, dont chacune a vérifié quelque prophétie ; tous nos livres d'inftructions roulent fur ce grand myftere.

Nous ferons feulement quelques réflexions hiftoriques & morales fur cette partie de l'hiftoire que nous venons d'analyfer, c'eft-à-dire depuis la captivité de Babylone jufqu'à la venue du Meffie, & nous terminerons enfin ce petit ouvrage en donnant une idée des derniers rois des Juifs & de leur ruine totale.

## RÉFLEXIONS HISTORIQUES.

LA premiere, c'est qu'il y a beaucoup d'obscurité dans l'histoire du peuple de Dieu depuis la captivité de Babylone jusqu'au Messie : les tems n'y sont pas assez marqués & les personnes n'y sont pas assez distinguées ; il ne nous a pas été possible par conséquent, en ne consultant que les livres sacrés, de mettre plus de clarté dans notre Analyse.

La seconde, que ceux qui ont régné pendant cet intervalle, n'étoient point de la tribu de Juda, mais de la tribu de Lévi, & n'exerçoient qu'une autorité précaire ; ils méritent bien moins le titre de rois que celui de chefs d'Israël : c'est-là ce qu'on appelle le regne des Asfamonéens.

La troisieme, que la tribu de Juda fut toujours dominante & forma toujours un état, soit avant, soit après la réunion des tribus jusqu'à Hérode ; on ne peut donc pas dire que le sceptre soit sorti de Juda avant ce prince, qui fut comme l'époque de la décadence du peuple de Dieu.

La quatrieme , que les Juifs, dans quelque circonftance & dans quelque pofition qu'on les confidere, ont toujours eu la liberté de fe conduire felon leurs loix & ont toujours eu des chefs pour les régir, ou des rois pour les gouverner.

Ces réflexions fuffifent & elles font néceffaires pour détruire les difficultés qu'on fait contre l'accompliffement des prophéties concernant le Meffie , & en particulier contre celle du patriarche Jacob.

## RÉFLEXIONS MORALES.

ON doit confidérer, 1°. dans la conduite de Dieu envers fon peuple, qu'il le conduifoit, comme pas à pas, au grand événement prédit par les prophetes ; c'eft-à-dire , fa réprobation & la vocation des Gentils à la foi ; chaque trait , en effet, de l'hiftoire emporte néceffairement avec lui un avertiffement & l'accompliffement de quelqueor acle.

2°. Que ce Dieu fage a fi bien tempéré les châtimens & les bienfaits envers ce peuple volage, qu'il a mis fon ingratitude hors de toute excufe : les menaces ont toujours précédé lès châtimens, & les châtimens ont toujours été fuivis de quelque faveur, lorfqu'ils ont opéré le repentir & le retour vers lui.

3°. Que Dieu vient toujours à fes fins par des voies incompréhenfibles, & que fa fageffe éclate dans le choix des moyens dont il fe fert.

4°. Que la conduite qu'il a tenue envers un peuple entier, il la tient tous les jours à notre égard, & que le fort d'Ifraël & de Juda doit nous faire trembler fur le nôtre, fi nous imitons leur perfévérance dans le mal.

5°. Que l'aveuglement du peuple Juif à l'égard du Meffie doit être regardé comme une fuite de fes crimes & comme le châtiment le plus redoutable que Dieu puiffe en tirer : cet aveuglement, en effet, eft le prodige des vengeances de l'Éternel.

## CHAPITRE XIX ET DERNIER.

### *Des derniers Rois des Juifs & de la ruine entiere de la nation.*

D. *Donnez-nous la suite des rois des Juifs après Hérode.*

R. Hérode Archélaüs, fils du grand Hérode, lui succéda : il suscita la persécution contre J. C. le vrai Messie, & c'est sous lui que s'opéra le grand mystere de sa passion & de sa mort. Ce prince fut accusé devant César après la mort de J. C. d'avoir voulu secouer le joug des Romains, & il fut exilé à Vienne en Dauphiné où il finit ses jours.

*Hérode* surnommé Antipas, son frere, lui succéda : il en retint la femme avec laquelle il vivoit dans un commerce infâme. Jean-Baptiste eut la force de lui reprocher son crime, il en fut la victime ; car il eut la foiblesse de le faire décapiter, à la sollicitation de cette femme impudique. Ce prince fut exilé par l'empereur Caligula & mourut dans son exil.

Hérode Agrippa follicita la protection de Caligula & obtint le royaume de Judée : il fit mourir l'apôtre faint Jacques & mourut enfuite lui-même rongé de vers.

Son fils, appellé comme lui Agrippa, monta fur le trône après la mort de fon pere, fous le bon plaifir des Romains : c'eft devant lui que faint Paul parla avec tant de force du jugement dernier ; quoique ce prince eût été effrayé, il n'en fut pas moins l'auteur de la premiere perfécution contre les chrétiens : il paroît vraifemblable que ce fut-là le dernier roi des Juifs.

Le tems étoit en effet arrivé où ils devoient porter la jufte peine de leur déicide : ils l'accélérerent par des défordres de toute efpece : le doigt de Dieu s'appefantit fi vifiblement fur eux, qu'ils étoient livrés à un efprit de vertige qui leur rendoit familiers les plus grands forfaits. L'avarice de Florus, qui avoit été envoyé gouverneur en Judée après Agrippa, alluma d'ailleurs une guerre civile : l'efprit de révolte fermenta au point que Vefpafien, pour lors général des Romains, eut ordre de marcher contre la Judée pour la réduire : il prit quantité de

villes qu'il mit à feu & à fang : il ne
put cependant pourfuivre fes conquêtes, parce qu'il fut rappellé à Rome
par fon élévation à l'empire; Titus, fon
fils, reprit cette affaire & vint mettre
le fiege devant Jérufalem; la pefte & la
famine firent de grands ravages dans
cette ville pendant le fiege : Titus la prit
enfin & la réduifit en un monceau de
cendres; il vouloit conferver le temple,
mais un foldat y mit le feu & on ne put
jamais arrêter le progrès des flammes.
Ainfi s'accomplit la fameufe prophétie
de Jérémie. Il périt environ trois cens
mille Juifs dans cette expédition, qui
arriva l'an de J. C. 70 : le refte fut
difperfé, & ils exiftent encore dans
quelques coins de la terre pour fervir
de monument à la vérité de la religion qu'ils atteftent par l'humiliation
de leur état : ils vivent, comme il a
été prédit, fans temple, fans facrifice,
fans autel, fans prince, fans forme de
république, & ils vérifient dans toutes fes parties l'anathême lancé contre
eux & que le fang d'un Dieu a gravé
d'une maniere ineffaçable. C'eft-là un
prodige conftant & une prophétie toujours renaiffante, qui devroit ouvrir
les yeux aux ennemis de la vérité &

leur faire refpecter une religion qui
ne peut être que celle de Dieu-même.

Ainfi finit le peuple du Seigneur,
ce peuple choifi, en faveur duquel il
déploya plus d'une fois toute la force
de fon bras, & un nouveau peuple a
pris fa place ; il eft écrit cependant
que les reftes de ce peuple infortuné
feront rappellés à la lumiere de l'évangile dans les derniers tems.